No caminho com Jesus
Catecumenato Eucarístico

Dados Internacionais de Catalogação na Publicação (CIP)
(Câmara Brasileira do Livro, SP, Brasil)

No caminho com Jesus : catecumenato eucarístico : volume 3 : catequizando / organização de Ir. Angela Soldera, Pe. Rodrigo Favero Celeste. Petrópolis, RJ : Vozes, 2023. – (Coleção no Caminho com Jesus)

ISBN 978-65-5713-975-2

1. Catecumenato 2. Catequese – Igreja Católica 3. Cristianismo 4. Eucaristia (Liturgia) 5. Ritos de iniciação I. Soldera, Ir. Angela. II. Celeste, Pe. Rodrigo Favero. III. Série.

23-151143　　　　　　　　　　　　　　　　CDD-268.82

Índices para catálogo sistemático:
1. Catecumenato : Iniciação cristã : Igreja Católica
268.82
Tábata Alves da Silva – Bibliotecária – CRB-8/9253

Arquidiocese de Londrina

Ir. Angela Soldera
Pe. Rodrigo Favero Celeste
(Organizadores)

No caminho com Jesus
Catecumenato Eucarístico

Volume 3 – Catequizando

Equipe de elaboradores

Aparecida Peixoto da Silva
Belmira Apparecida da Silva de Souza
Valéria Queiróz Pereira
Ir. Luciana de Almeida
Maria Nilza Rodrigues Mattos
Vitor Henrique dos Santos
Ir. Angela Soldera

EDITORA VOZES
Petrópolis

© 2023, Editora Vozes Ltda.
Rua Frei Luís, 100
25689-900 Petrópolis, RJ
www.vozes.com.br
Brasil

Todos os direitos reservados. Nenhuma parte desta obra poderá ser reproduzida ou transmitida por qualquer forma e/ou quaisquer meios (eletrônico ou mecânico, incluindo fotocópia e gravação) ou arquivada em qualquer sistema ou banco de dados sem permissão escrita da editora.

CONSELHO EDITORIAL

Diretor
Volney J. Berkenbrock

Editores
Aline dos Santos Carneiro
Edrian Josué Pasini
Marilac Loraine Oleniki
Welder Lancieri Marchini

Conselheiros
Elói Dionísio Piva
Francisco Morás
Gilberto Gonçalves Garcia
Ludovico Garmus
Teobaldo Heidemann

Secretário executivo
Leonardo A.R.T. dos Santos

Diagramação: Victor Mauricio Bello
Revisão gráfica: Jhary Artiolli
Capa: Editora Vozes

ISBN 978-65-5713-975-2

Este livro foi composto e impresso pela Editora Vozes Ltda.

APRESENTAÇÃO

Querido(a) catequizando(a),

Pelo Batismo, você já faz parte desta Santa Igreja. E também já confirmou o seu compromisso pessoal de assumir o projeto de Jesus quando foi ungido com o santo óleo da Crisma. Agora, Jesus te convida a participar do grande banquete que Ele mesmo prepara para todos nós: a Eucaristia!

Você irá amadurecer na vivência da fé, aprofundar a sua comunhão com Cristo e a participação na vida de sua comunidade. Anote neste livro as suas memórias e tudo aquilo que aprender e vivenciar durante cada encontro de catequese nesta nova etapa. Faça isso com muito amor! Desejamos que você se torne um discípulo-missionário e possa receber a graça de Deus no Sacramento da Eucaristia.

Parabéns por perseverar nesta caminhada!
Boa catequese!

DADOS PESSOAIS

Nome:

Endereço

Rua: Nº:

Bairro:

Telefone:

E-mail:

Nome dos pais ou responsáveis:

Comunidade/Paróquia:

Nome do(as) catequista(s):

SUMÁRIO

1° TEMPO - PRÉ-CATECUMENATO

1° Encontro: O caminho de fé exige perseverança, **10**

2° Encontro: Amar a Deus e ao próximo, **14**

3° Encontro: Jesus viu uma grande multidão e teve compaixão, **18**

4° Encontro: No Reino de Deus, o maior é aquele que serve, **22**

5° Encontro: Buscai primeiro o Reino de Deus, **26**

6° Encontro: Um coração bom faz acolher e frutificar a Palavra, **30**

7° Encontro: Partilhar os bens e os dons, **34**

8° Encontro: Jesus, missionário do Pai, **38**

9° Encontro: A missão de Jesus continua na vida da comunidade de fé, **42**

10° Encontro: Creio na Igreja de Jesus Cristo, **46**

11° Encontro: Comunidade: lugar de vida e de perdão, **50**

12° Encontro: A força do Reino, **54**

2° TEMPO - CATECUMENATO

13° Encontro: Mandamentos: deveres com Deus e com as pessoas, **60**

14° Encontro: Permanecei no meu amor, **63**

15° Encontro: O testemunho de João Batista, **67**

16° Encontro: José, homem de fé, **71**

17° Encontro: A família de Nazaré: lugar de acolhida, **74**

18° Encontro: Prosseguir no caminho com Jesus, **78**

19° Encontro: Viver a fraternidade com gestos concretos, **82**

20° Encontro: Hoje entrou a salvação, **85**

21º Encontro: Bendito o que vem em nome do Senhor, **89**

22º Encontro: Levantem-se e rezem para serem fiéis à vontade do Pai, **92**

23º Encontro: Páscoa judaica e Páscoa cristã, **95**

24º Encontro: Creio na ressurreição, **99**

25º Encontro: Reconheceram-no ao partir o pão, **102**

26º Encontro: Ide anunciar a boa-nova a todos os povos, **105**

27º Encontro: O Espírito Santo une a Igreja, **109**

28º Encontro: Trindade Santa: modelo de comunidade, **112**

29º Encontro: O discípulo de Jesus é chamado a ser sal da terra e luz do mundo, **115**

30º Encontro: Chamados a promover a vida, **119**

31º Encontro: Celebrar a vida e a esperança com nossos irmãos falecidos, **123**

ANEXOS

1 Oração para ser realizada em casa, com a família, **128**

2 Principais orações do cristão, **130**

3 O que é importante você conhecer, **134**

1° TEMPO

PRÉ-CATECUMENATO

1º ENCONTRO

O CAMINHO DE FÉ EXIGE PERSEVERANÇA

SE LIGA

JESUS ENSINA e apresenta um projeto de vida.

Jesus ensina e dialoga na sinagoga de Cafarnaum com judeus e discípulos. Suas palavras são ouvidas em um ambiente em que não há consenso sobre a ação salvadora de Deus, que se dá por meio de Jesus, seu Filho.

Para muitos, a proposta de Jesus é difícil: o caminho de fé não é fácil! As suas palavras chocavam e desafiavam os ouvintes, despertando dúvidas sobre quem Ele era e sobre o projeto de vida que apresentava.

1. OLHANDO PARA A VIDA

Iniciando mais uma etapa da caminhada de sua formação catequética, apresente-se ao grupo e partilhe algo que foi importante até agora no caminho da Iniciação à Vida Cristã.

2. ORAÇÃO INICIAL

✓ Faça o sinal da cruz e reze com o grupo:

Ó Deus, em vossas mãos colocamos nossa vida e nosso encontro de catequese. Nós vos agradecemos por tudo o que acontece em nossa vida e estamos dispostos a cumprir a vossa vontade. Nós nos colocamos em vossas mãos, com confiança, porque vós sois nosso Pai. Amém!

3. ESCUTANDO A PALAVRA

✓ Proclamação do Evangelho segundo São João 6,59-69.
✓ Em silêncio, leia o texto bíblico.

PENSE E ANOTE:

(a) O que Jesus disse?
(b) O que Pedro disse a Jesus?
(c) Qual frase do texto mais chamou a sua atenção?

----

4. MEDITANDO A PALAVRA

✓ Qual a mensagem de Jesus para nós?
✓ O que sua Palavra nos pede, e em que ela nos desafia?
✓ Nós somos perseverantes em nossos compromissos ou mudamos de ideia e de atitude com facilidade?
✓ Na Palavra de Deus, escutamos: "Só tu tens Palavras de vida". Em meio a tantas vozes, tantas palavras, qual é a palavra que ouvimos e à qual estamos atentos? E o que ela nos faz sentir, pensar, imaginar?

● Faça suas anotações.

5. REZANDO COM A PALAVRA

✓ Qual oração surge em nossa mente e em nosso coração a partir do texto meditado e partilhado?

✓ Escreva sua oração a Deus, pedindo perseverança para trilhar o caminho do Senhor. Depois, partilhe sua oração com o grupo.

Com seu grupo, siga a orientação do catequista para rezarem juntos o Salmo 24. Reze com seu grupo, de mãos dadas, a oração do Pai-nosso.

6. VIVENDO A PALAVRA

✓ Assuma junto ao seu grupo um compromisso com base no que a Palavra de Deus os inspira a viver durante a semana e o registre.

LEMBRETE

ANOTAÇÕES PESSOAIS

2º ENCONTRO

AMAR A DEUS E AO PRÓXIMO

SE LIGA

AMAR A DEUS e ao próximo é o grande mandamento do Senhor, o coração da proposta de vida que Jesus nos faz.

O amor a Deus e ao próximo é o mandamento que orienta como viver e agir de acordo com a vontade de Deus. O evangelista Lucas, na parábola do Bom Samaritano, revela à comunidade e às lideranças o que isso significa. Nessa parábola, pode-se constatar que para colocar Jesus à prova, examinando sua fidelidade às escrituras e à observância dos 613 mandamentos prescritos pelo judaísmo, um doutor da lei, isto é, um especialista em leis, lhe pergunta o que deve fazer para ganhar a vida eterna.

Nesse diálogo, Jesus conta a parábola do Bom Samaritano, destacando o tema do amor e da solidariedade, atitudes que expressam como viver o mandamento que o Senhor nos deixou para seguir.

1. OLHANDO PARA A VIDA

Converse com os amigos do grupo sobre como foi vivenciado o compromisso assumido no encontro anterior.

- ✓ Troque ideias com o grupo sobre as questões:
  - O que é amar a Deus e ao próximo?
  - Como se faz para amar a Deus e aos irmãos?

2. ORAÇÃO INICIAL

✓ Faça o sinal da cruz e reze com o grupo:

> *Ó Pai, vós sois bom: amais a todos nós e fazeis por nós coisas maravilhosas. Vós sempre pensais em todos e quereis ficar perto de nós. Mandastes o vosso Filho querido para viver no meio de nós. Jesus veio para nos salvar: curou os doentes, perdoou os pecadores. Mostrou a todos o vosso amor, ó Pai, acolheu e abençoou as crianças. Bendito o que vem em nome do Senhor. Hosana nas alturas!*
>
> *(Oração Eucarística com Crianças I).*

3. ESCUTANDO A PALAVRA

✓ Proclamação do Evangelho segundo São Lucas 10,25-37.
✓ Leia o texto bíblico, em silêncio.

PENSE E ANOTE:

a) Qual versículo mais chamou sua atenção?
b) Quem são os personagens do texto? Onde aconteceu a cena?

_____
_____
_____
_____
_____
_____
_____

4. MEDITANDO A PALAVRA

Ouça a reflexão sobre a Palavra proclamada, conduzida pelo catequista. Pense sobre as questões apresentadas.

✓ O que o texto diz a você?
✓ O que você aprendeu com essa passagem bíblica?
✓ Quem é, hoje, o seu próximo?
✓ Quando você e todos nós assumimos atitudes como as do sacerdote e do levita?

- Faça suas anotações a partir do que pensou sobre as questões.

5. REZANDO COM A PALAVRA

✓ Transforme em oração o que você quer dizer a Deus e escreva sua prece. Depois, compartilhe com o grupo.

✓ Após cada prece, todos juntos pedem: *Senhor, ajudai-nos a viver o amor.*

> Participe do momento orante que será conduzido pelo catequista. Reze ao Senhor, pedindo a sua misericórdia, com o Salmo 25,6s.

6. VIVENDO A PALAVRA

✓ Leia, em casa, com sua família, a Palavra de Deus que foi proclamada neste encontro e partilhe o que ela ensina.

✓ Converse sobre o que pode fazer para ajudar seu próximo e escreva as ideias que surgirem.

LEMBRETE

ANOTAÇÕES PESSOAIS

3º ENCONTRO

JESUS VIU UMA GRANDE MULTIDÃO E TEVE COMPAIXÃO

SE LIGA

SOMOS CONVIDADOS a olhar para as pessoas necessitadas com compaixão, atitude fundamental que Jesus sempre manifestou em seu ministério.

Uma das características de Jesus e das comunidades cristãs é a partilha. Um exemplo dessa característica encontra-se no Evangelho de Mateus, quando o evangelista narra a primeira multiplicação dos pães (Mt 14,14-21). Nessa narrativa, descreve Jesus diante da multidão que o segue, carente de atenção, de alimento, de esperança. Observando a situação das pessoas, Jesus é tomado de "profunda compaixão". Seu coração está irrequieto e Ele se propõe a buscar resolver a situação que tanto o aflige.

Nessa narrativa de Mateus, é possível identificar alguns verbos relacionados à partilha, como: partir, dar, distribuir, repartir. Essas palavras nos convidam a pensar nas pessoas que estão ao nosso redor em situação semelhante à dos que seguiam Jesus.

1. OLHANDO PARA A VIDA

Partilhe com os colegas a vivência do compromisso assumido no encontro anterior.
- ✓ Como você pode ajudar o próximo?

2. ORAÇÃO INICIAL

- ✓ Faça o sinal da cruz e, em silêncio, peça a luz de Deus sobre você, seus colegas e para o encontro.

3. ESCUTANDO A PALAVRA

- ✓ Proclamação do Evangelho segundo São Mateus 14,14-21.
- ✓ Depois de ouvir a proclamação da Palavra de Deus, leia o texto em silêncio.

PENSE E ANOTE:

- (a) O que Jesus sentiu pela multidão? O que Ele fez?
- (b) Onde Jesus mandou o povo se sentar?
- (c) Quantos cestos de pães e peixes sobraram?
- (d) Quantas pessoas comeram?
- (e) Qual frase mais chamou a sua atenção?

_____
_____
_____
_____
_____
_____

4. MEDITANDO A PALAVRA

Siga as orientações do catequista para responder cada uma das questões a seguir.
- ✓ Qual é a mensagem da Palavra de Jesus que você ouviu neste encontro?
- ✓ O pão é alimento necessário para a sobrevivência das pessoas, e essa necessidade diz respeito a vários aspectos: fome de comida, de emprego, de uma vida mais digna, de afeto, de diálogo etc. Como você vê isso no mundo hoje?
- ✓ Olhe para os cestos de pães que seu catequista preparou e se pergunte como você está vivendo a partilha na sua vida.

● Faça suas anotações.

5. REZANDO COM A PALAVRA

✓ O que você quer dizer a Deus neste momento?

✓ Faça uma oração pessoal de agradecimento a Deus pelo pão de cada dia, ou de perdão pela pouca partilha e o acúmulo de bens. Em seguida, escreva sua oração.

✓ Seguindo a orientação do catequista, faça com o grupo a oração de bênção.

Senhor Jesus, ensina-nos a partilhar o pão de cada dia, assim como os discípulos aprenderam contigo. Abençoa este pão, que é o fruto da terra e do trabalho humano e torna-nos mais irmãos. Amém.

✓ Reze a oração do Senhor, com muita atenção ao dizer: *O pão nosso de cada dia nos dai hoje.*

6. VIVENDO A PALAVRA

O pão é alimento básico, representa todas as coisas necessárias para que as pessoas tenham uma vida digna. Seu compromisso desta semana será visitar uma família ou uma pessoa necessitada e ajudá-la de alguma forma.

✓ Escreva como foi essa experiência de partilha e solidariedade.

LEMBRETE

✓ Anote a data e o horário em que será celebrado o rito da entrega da cruz. Convide seus pais para participarem desse momento importante em sua caminhada de fé!

ANOTAÇÕES PESSOAIS

4º ENCONTRO

NO REINO DE DEUS, O MAIOR É AQUELE QUE SERVE

> **SE LIGA**
>
> JESUS ENSINA e orienta sobre como viver os valores do Reino.

Jesus ensina e orienta os discípulos sobre os valores do Reino. Com seu próprio testemunho, vai revelando que o projeto do Pai não envolve esquemas de competição, poder ou domínio.

O evangelista Marcos apresenta duas palavras importantes relacionadas ao seguimento de Jesus por seus discípulos: "casa" e "caminho". O caminho é o lugar da vida onde encontramos as mais diversas situações. A casa é o local do aconchego, onde as situações que aconteceram pelo caminho são refletidas e resolvidas.

1. OLHANDO PARA A VIDA

Sobre o que você se recorda do encontro anterior? O que foi marcante?

Comente com os colegas como vivenciou o compromisso assumido no último encontro.

2. ORAÇÃO INICIAL

- ✓ Faça o sinal da cruz, tomando consciência de que você e seu grupo estão reunidos em nome da Trindade Santa.

✓ Reze com seu grupo a oração da serenidade:

Concedei-nos, Senhor, a serenidade necessária para aceitar as coisas que não podem ser modificadas, coragem para modificar aquelas que podemos, e sabedoria para distinguir umas das outras. Amém.

3. ESCUTANDO A PALAVRA

✓ Proclamação do Evangelho segundo São Marcos 9,30-37.
✓ Leia o texto bíblico, em silêncio.
✓ Após ouvir a reflexão sobre o texto bíblico, conduzida pelo catequista, reflita sobre a mensagem do Evangelho e como pode ajudar as pessoas a viverem melhor.

PENSE E ANOTE:

a) Quais são os personagens do texto?
b) Onde aconteceu o encontro narrado no Evangelho?
c) Em qual lugar Jesus ficou sozinho com os discípulos?
d) Qual versículo mais chamou a sua atenção?

_____
_____
_____
_____
_____
_____
_____
_____

4. MEDITANDO A PALAVRA

✓ Qual é o apelo que a Palavra de Deus faz a você?
✓ Medite sobre quem é o maior no Reino de Deus. O que você pensa sobre isso?
✓ Como aparece na nossa vida, na relação familiar, na comunidade essa realidade de alguém querer ser maior, superior aos outros?

✓ Há pessoas que desejam ser mais do que os outros e querem ocupar sempre os melhores lugares e conquistar os melhores serviços? E entre nós, também existem essas coisas?

● Faça suas anotações.

5. REZANDO COM A PALAVRA

✓ O que a Palavra proclamada faz você dizer a Deus? Que oração quer dirigir a Ele?
✓ Faça sua oração pessoal a partir do que refletiu com o texto bíblico. Escreva-a e partilhe com o grupo.

✓ Siga as orientações do catequista e reze com o seu grupo:

Obrigado, Senhor, por nos dar o seu Filho Jesus, que se fez servo e pequeno, nos ensinou a humildade e o serviço, deu sua vida por nós com sua morte de cruz e nos ensinou quem é o maior no Reino de Deus. Amém.

6. VIVENDO A PALAVRA

✓ Converse, em casa, com seus pais sobre o encontro de catequese de hoje.

✓ Leiam juntos o texto do Evangelho proclamado neste encontro e pergunte o que seus pais entendem sobre quem é o maior no Reino de Deus. Anote para partilhar no próximo encontro.

LEMBRETE

✓ Anote a data e o horário em que será celebrado o rito da entrega da cruz. Não se esqueça de convidar seus pais para participarem desse momento importante.

ANOTAÇÕES PESSOAIS

5º ENCONTRO

BUSCAI PRIMEIRO O REINO DE DEUS

 SE LIGA

JESUS CONDENA a preocupação excessiva com os bens materiais e recomenda a atenção aos valores do Reino de Deus.

Jesus orienta a lutar por um mundo mais justo e digno para todos. Ele ensina que a obsessão pelo poder e pelo dinheiro mantém a sociedade em que vivemos de modo injusto e impede a busca do Reino de Deus e de sua justiça.

Com grande sensibilidade, Jesus percebe o sofrimento daqueles que vivem preocupados com a sobrevivência em meio a uma sociedade injusta. Por isso, ensina que a riqueza e a produção dos bens deveriam estar a serviço de todos, ou seja, existir em função de atender às necessidades de todos os seres humanos.

1. OLHANDO PARA A VIDA

Partilhe com o grupo: como viveu o compromisso assumido no encontro anterior? Como foi participar da celebração de entrega da cruz?

2. ORAÇÃO INICIAL

✓ Faça o sinal da cruz e acompanhe, em silêncio, a oração ao Espírito Santo.

Ó Espírito Santo, dai-me um coração grande, aberto à vossa silenciosa e forte palavra inspiradora, fechado a todas as ambições mesquinhas, alheio a qualquer desprezível competição humana, compenetrado do sentido da Santa Igreja. Que meu coração seja grande e forte para amar e servir a todos; um coração grande e forte para superar as dificuldades e provações da vida; um coração fiel para acolher o Reino de Deus em nós. Amém.

3. ESCUTANDO A PALAVRA

✓ Proclamação do Evangelho segundo São Mateus 6,25-34.
✓ Em silêncio, leia o texto e pense: sobre o que Jesus fala nesse texto?
✓ Ouça com atenção a reflexão que será conduzida pelo catequista, para depois responder às questões.

PENSE E ANOTE:

a) Qual deve ser a maior preocupação de quem confia em Jesus?
b) O que tem mais valor para Jesus?
c) Quais são as comparações que Jesus faz com a natureza?
d) O que é preciso buscar em primeiro lugar?

4. MEDITANDO A PALAVRA

✓ O que a Palavra diz a você?
✓ O que Jesus anunciou? O que esse anúncio de Jesus ensina a você?
✓ Quais são as suas preocupações diárias?
✓ Quais são as maiores preocupações das pessoas, na sociedade e na Igreja?

● Faça suas anotações.

5. REZANDO COM A PALAVRA

✓ Depois de meditar a Palavra proclamada, o que você quer dizer a Deus?
✓ Qual a sua oração em resposta a essa Palavra?

✓ Contemple a flor que recebeu e reflita sobre: o que ela fala para você?
✓ Reze com o grupo:

Senhor nosso Deus, Criador de tudo o que existe, fazei com que, como parte da vossa criação, procuremos servir aos outros sem nada esperar em troca, esforçando-nos por construir um mundo mais belo e mais justo, para que assim o vosso Reino aconteça no meio de nós. Isso nós vos pedimos, por vosso Filho Jesus Cristo. Amém.

6. VIVENDO A PALAVRA

✓ Leve a flor que recebeu para alguém da família e, ao entregar, diga a essa pessoa que ela é mais valiosa do que as aves do céu ou as flores do campo, porque é filha de Deus.

✓ Partilhe no próximo encontro por que escolheu essa pessoa para entregar a flor e como ela reagiu ao recebê-la.

LEMBRETE

ANOTAÇÕES PESSOAIS

6º ENCONTRO

UM CORAÇÃO BOM FAZ ACOLHER E FRUTIFICAR A PALAVRA

SE LIGA

A PESSOA QUE ACOLHE a Palavra de Deus em sua vida a traduz em gestos e atitudes concretos.

A pessoa humana, nascida do coração de Deus, possui um coração capaz do bem, do amor, da acolhida da Palavra de Deus, que a faz produzir bons frutos, ou seja, a faz ter atitudes e gestos concretos na vida de amor a si mesma, ao próximo e a Deus.

Para falar sobre os frutos da Palavra, o evangelista Lucas usa a figura do semeador, aquele que joga sementes no terreno e espera pelos frutos desejados.

1. OLHANDO PARA A VIDA

Partilhe com o grupo o compromisso assumido no último encontro.
Converse com o grupo sobre:
- ✓ Nos tempos de hoje, quem as pessoas mais escutam?
- ✓ De tudo o que as pessoas ouvem, qual palavra é a mais importante? Por quê?
- ✓ E para você, a palavra de quem é a mais importante?

2. ORAÇÃO INICIAL

- ✓ Faça o sinal da cruz e, com seu grupo, dirija-se ao Espírito Santo, dizendo: *Vinde, Espírito Santo...*

3. ESCUTANDO A PALAVRA

- ✓ Proclamação do Evangelho segundo São Lucas 8,5-15.
- ✓ Em silêncio, leia o texto bíblico proclamado, observando com atenção os diferentes terrenos e cenários mencionados.

PENSE E ANOTE:

a) Qual versículo mais chamou sua atenção? Por quê?
b) Quais os tipos de terreno onde foram lançadas as sementes?

_____
_____
_____
_____
_____
_____
_____
_____

4. MEDITANDO A PALAVRA

- ✓ O que a Palavra diz para você?
- ✓ Que tipo de terreno você tem sido?
- ✓ Como você sente que a Palavra de Deus é recebida pelas pessoas em sua família?

● Faça suas anotações.

5. REZANDO COM A PALAVRA

✓ Por meio de uma oração, pedir a Deus para ser terra boa e bom semeador, ou seja, um discípulo missionário que percorre os caminhos semeando a Palavra de Deus.

✓ Escreva sua oração e partilhe com o grupo.

✓ Após todos dizerem as suas orações, reze com o grupo:

Ó Pai, querido, queremos ser terreno bom para receber em nosso coração vossa Palavra e fazê-la crescer em nossa vida, produzindo bons frutos de vida, de esperança, de amor, de doação e de fraternidade. Amém!

6. VIVENDO A PALAVRA

✓ Junto ao grupo, escolha uma ação ambiental concreta relacionada ao cuidado com a natureza, com a terra e a água, à separação do lixo e à não contaminação. Em seguida, registre-a.

LEMBRETE

ANOTAÇÕES PESSOAIS

7º ENCONTRO

PARTILHAR OS BENS E OS DONS

> **SE LIGA**
>
> **TUDO O QUE SOMOS E TEMOS** é presente de Deus, para o nosso bem e para ser partilhado e colocado a serviço de todos.

Tudo o que somos e temos vem de Deus. Tudo nos foi dado, não por nosso merecimento, mas como dom, como presente de Deus. O que somos e temos também não é apenas para o nosso bem, mas para ser partilhado, colocado a serviço para o bem de todos.

Vivemos num mundo no qual as pessoas pensam mais em si mesmas do que nos outros, o que faz com que a partilha dos dons e dos bens seja algo difícil de acontecer. É preciso que, como Igreja, cada cristão saiba contribuir generosamente.

O Apóstolo Paulo, na segunda Carta aos Coríntios 9,6-11, ajuda a entender como isso pode acontecer ao recomendar à comunidade como pode fazer a oferta. Paulo compara a nossa oferta a uma semente e diz que a nossa colheita é proporcional à nossa semeadura, isto é, a quantidade da colheita é determinada pelo número de sementes plantadas.

34

1. OLHANDO PARA A VIDA

Converse com o grupo sobre como foi a semana: o que aconteceu de mais importante?

Partilhe o que mais chamou sua atenção na missa. Por quê?

2. ORAÇÃO INICIAL

- ✓ Faça o sinal da cruz e reze, com seus colegas, pedindo a Deus sabedoria para compreender a importância da partilha.

> *Senhor, nosso Deus, vos pedimos neste encontro a graça de compreender que a generosidade e a partilha são gestos de solidariedade e doação, e são atitudes do cristão. Ajudai-nos a sermos sensíveis e a nos exercitarmos nessa prática. Amém!*

3. ESCUTANDO A PALAVRA

- ✓ Proclamação do texto bíblico de 2Cor 9, 6-11.
- ✓ Depois de ouvir o texto da segunda Carta aos Coríntios, faça uma leitura silenciosa, em sua Bíblia. Após a leitura, reconstrua com suas próprias palavras o texto bíblico com o grupo.

PENSE E ANOTE:

- (a) Sobre o que fala o texto? Qual a sua mensagem principal?
- (b) Qual versículo mais chamou sua atenção? Por quê?

----

4. MEDITANDO A PALAVRA

- ✓ O que a Palavra de Deus diz para você hoje?
- ✓ Para você, o que significa partilhar os bens e os dons?
- ✓ Hoje, no mundo, há mais partilha ou acúmulo de bens?
- ✓ Como podemos partilhar o que temos e o que somos?
- ✓ Uma forma de partilha é o dízimo. Sua família é dizimista? No grupo de catequese, poderíamos fazer a experiência de dar o nosso dízimo?

● Faça suas anotações.

Uma proposta de ação: que tal nosso grupo ter um pequeno cofre para cada um doar o seu dízimo, colocando o que for possível? Pelo menos uma vez por mês, se deixarmos de comer ou beber algo, o valor economizado seria colocado no cofre. Vamos conversar sobre isso?

5. REZANDO COM A PALAVRA

- ✓ Ouça o catequista e, depois, dirija uma oração silenciosa a Deus, com seu agradecimento ou um pedido. Você pode escrever essa oração.

✓ Reze, com o grupo, a oração do dizimista, pedindo a graça de compreender e ofertar com alegria o dízimo.

> *"Pai Santo, contemplando Jesus Cristo, vosso Filho bem-amado, que se entregou por nós na cruz, e tocado pelo amor que o Espírito Santo derrama em nós, manifesto, com esta contribuição, minha pertença à Igreja, solidário com sua missão e com os mais necessitados. De todo o coração, ó Pai, contribuo com o que posso: recebei, ó Senhor. Amém." (CNBB, Doc. 106, p. 43).*

6. VIVENDO A PALAVRA

✓ Converse com seus pais sobre:
- O sentido de partilhar os bens e os dons com as outras pessoas.
- O que eles entendem por dízimo e, caso eles ainda não sejam dizimistas, diga o que aprendeu no encontro e os motive a contribuir com o dízimo.

✓ Partilhe com o grupo no próximo encontro como foi essa experiência.

LEMBRETE

ANOTAÇÕES PESSOAIS

8º ENCONTRO

JESUS, MISSIONÁRIO DO PAI

SE LIGA

A FORÇA DO ESPÍRITO em Jesus indicando que sua missão é parte do plano de Deus.

Jesus é conduzido pelo Espírito Santo a Nazaré, na Galileia. O evangelista Lucas destaca a presença da força do Espírito em Jesus, indicando que sua missão não é iniciativa própria, mas parte do plano de Deus. Isso fica evidente quando, na sinagoga, Jesus lê a passagem na qual, pela boca do profeta Isaías, o Pai o declara pronto para a missão.

Ao proclamar o texto de Isaías (61,1-2) narrando o que diz respeito a Ele, Jesus assume sua vida e seu ministério no contexto em que vive. O evangelista Lucas, com esse texto, apresenta o programa de trabalho de Jesus.

1. OLHANDO PARA A VIDA

Comente com o grupo como foi a conversa com seus pais sobre dízimo: o que eles pensam sobre isso?
- ✓ Como você se sentiu ao falar sobre partilhar **com seus familiares sobre o que temos e somos?**

2. ORAÇÃO INICIAL

- ✓ Faça o sinal da cruz, lembrando-se do seu Batismo, e reze pedindo a Deus que mais pessoas anunciem o Evangelho no mundo.
- ✓ Seguindo a orientação do catequista, reze com seu grupo a oração:

> *Senhor Jesus, por amor do Pai e de toda a humanidade, suscita para a tua Igreja numerosos missionários que, cheios do Espírito Santo, anunciem o Evangelho até os confins da Terra. Todos os povos precisam de ti e de uma nova evangelização. Amém!*

3. ESCUTANDO A PALAVRA

- ✓ Proclamação do Evangelho segundo São Lucas 4,14-21.
- ✓ Após a proclamação, faça uma leitura silenciosa do texto bíblico.
- ✓ Com os colegas do grupo, reconstrua o texto com suas palavras.

PENSE E ANOTE:

a) Aonde foi Jesus em um dia de sábado? E o que fez nesse lugar?
b) Sobre o que falava o texto que Jesus leu?

4. MEDITANDO A PALAVRA

✓ O que a Palavra que ouviu hoje diz a você? Você compreendeu o que Jesus falou?
✓ O que você pensa sobre a atitude de Jesus na sinagoga?
✓ O que a Palavra proclamada significa para sua vida cristã?
✓ O que a Palavra que ouviu pede a você e a cada um de nós?

● Faça suas anotações.

Siga as orientações do catequista para participar da atividade proposta.

5. REZANDO COM A PALAVRA

✓ Coloque-se em atitude orante e permaneça um instante em silêncio. Fale ao Senhor do seu desejo de ser testemunha de Jesus, de ser missionário e levar às pessoas a boa notícia. Anote os seus desejos.

✓ Olhando para os desenhos dos pés, colocados no caminho preparado por seu catequista, faça preces espontâneas e, a cada prece, peça: *Fazei-nos, Senhor, anunciadores do vosso Reino.*

6. VIVENDO A PALAVRA

✓ Em casa, leia o texto bíblico do evangelista São Lucas 4,14-21 e converse em família sobre a missão de cada batizado e o que mais chamou atenção de cada um no texto lido. Anote em seu livro, para partilhar com o grupo no próximo encontro.

LEMBRETE

9º ENCONTRO

A MISSÃO DE JESUS CONTINUA NA VIDA DA COMUNIDADE DE FÉ

> **SE LIGA**
>
> **OS APÓSTOLOS**, sob o impulso do Espírito Santo, colocam-se em missão.

Sob o impulso do Espírito Santo, após o testemunho de fé e coragem, os Apóstolos voltam para o meio da comunidade cristã, com grande fervor, para se fortalecerem mutuamente por meio da Palavra de Deus e da oração.

A narrativa no livro dos Atos dos Apóstolos (2,42-27) revela como viviam as primeiras comunidades cristãs, formadas pelos que aderiam à fé no Cristo Ressuscitado. Nessa narrativa também se observa a descrição da comunidade que, unanimemente, vive a prática da partilhar os bens entre todas as pessoas. Assim, os Apóstolos aprenderam a não acumular bens.

1. OLHANDO PARA A VIDA

Partilhe como foi a semana que passou.
- ✓ Você participou, na comunidade, de alguma celebração?
- ✓ Como foi a experiência de refletir sobre o texto bíblico com a família, conforme proposto no último encontro?

2. ORAÇÃO INICIAL

✓ Faça o sinal da cruz e permaneça um momento em silêncio, voltando-se para Deus.

✓ Com todo o grupo, seguindo a orientação do catequista, reze a oração ao Espírito Santo.

3. ESCUTANDO A PALAVRA

✓ Proclamação do texto bíblico de At 4,32-35.

✓ Terminada a proclamação da Palavra, faça uma leitura silenciosa do texto bíblico.

PENSE E ANOTE:

a Qual o versículo que mais chamou a sua atenção?

b Quais os aspectos mais importantes do texto lido?

----

4. MEDITANDO A PALAVRA

✓ O que a Palavra proclamada diz para você?

✓ O que cada pessoa deve fazer para que o outro não passe necessidade?

✓ Para você, por que, no mundo hoje e em nossa comunidade, há algumas pessoas que têm demais e outras que passam necessidade? Que situações colocaram as pessoas nessa condição?

✓ O que Deus pede de nós, cristãos, seguidores de Jesus?

● Anote os aspectos mais importantes para você.

5. REZANDO COM A PALAVRA

✓ O que a Palavra sobre a qual hoje refletimos faz você dizer a Deus?
✓ Como em uma conversa entre amigos, diga a Deus o que a Palavra inspirou a você.
✓ Cada membro do grupo irá fazer espontaneamente uma prece em forma de agradecimento a Deus por nos ensinar a partilhar. Após cada prece, agradeça, dizendo: *Obrigado, Senhor!*

6. VIVENDO A PALAVRA

✓ Qual compromisso você se propõe a assumir e vivenciar durante a semana? Escreva com o que se compromete.

LEMBRETE

ANOTAÇÕES PESSOAIS

10º ENCONTRO

CREIO NA IGREJA DE JESUS CRISTO

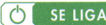 **SE LIGA**

AO DIZER "CREIO NA SANTA IGREJA", afirmamos crer na Igreja pensada por Jesus e nela professamos a nossa fé.

A Igreja, povo de Deus, não nasce de interesses humanos ou do impulso de algum coração generoso, mas como dom do alto, fruto da iniciativa divina. Pensada desde sempre no desígnio do Pai, ela foi preparada por Ele na história da Aliança com seu povo, para que, completados os tempos, fosse instituída graças à missão do seu Filho Jesus e pela efusão do Espírito Santo.

1. OLHANDO PARA A VIDA

Converse com seus colegas sobre os acontecimentos da última semana, o que foi bom e o que não foi bom.
Partilhe como vivenciou o compromisso que assumiu no encontro anterior.

2. ORAÇÃO INICIAL

✓ Faça o sinal da cruz e reze com seu grupo a oração:

> *Senhor Jesus, Bom Pastor, concede-nos hoje a graça de nos fortalecermos como Igreja. Torna-nos capazes de testemunhar e comunicar a todos a fé na tua Igreja. Torna-nos disponíveis e corajosos para colocarmos nossa vida a serviço da vida para todos. Amém.*

3. ESCUTANDO A PALAVRA

✓ Proclamação do texto bíblico de Ef 4,1 - 7.
✓ Releia, em silêncio, o texto proclamado.

PENSE E ANOTE:

a) De acordo com o texto bíblico escrito por São Paulo, como devem viver os cristãos?
b) Quais as frases ou palavras mais importantes do texto?

4. MEDITANDO A PALAVRA

✓ O que a Palavra que foi proclamada diz a você?

✓ Como você pode viver a humildade e a mansidão?

✓ Nós cremos na Igreja de Jesus Cristo? Como manifestamos nossa fé na Igreja?

✓ Quem é a Igreja? Quando nos tornamos membros da Igreja?

✓ Você consegue perceber a unidade da Igreja? Como?

● Faça suas anotações.

✓ Acompanhe a apresentação do catequista sobre como é a Igreja e anote o que entendeu.

5. REZANDO COM A PALAVRA

✓ Qual oração da Palavra que ouviu faz você se dirigir a Deus?

✓ Faça silêncio e reze para se comunicar com Deus. Depois, escreva sua oração.

✓ Partilhe com o grupo sua prece espontânea. Após cada partilha, como resposta, todos dizem juntos: *Senhor, ensinai-nos a viver como Igreja de Jesus.*

✓ Com todo o grupo, com calma e atenção, diga nossa profissão de fé, o Creio, que se encontra ao final do livro.

✓ Reze a Deus pelo fortalecimento da Igreja.

Senhor, com a luz e a força do vosso Espírito Santo, conduzis e acompanhais a Igreja peregrina neste mundo, pelos caminhos da história. Nós vos suplicamos, fortalecei-a na unidade e na fidelidade ao seguimento de Jesus. Que ela viva em comunhão com o papa, os bispos e com todo o povo de Deus. Amém.

6. VIVENDO A PALAVRA

✓ Nesta semana, seu compromisso será procurar ter atitudes cristãs, como paciência, humildade e a prática do bem.

✓ Procure saber como está a nossa comunidade Igreja: o que existe de bom e de bonito, e o que precisa ser melhor. Anote para partilhar com o grupo no próximo encontro.

LEMBRETE

11º ENCONTRO

COMUNIDADE: LUGAR DE VIDA E DE PERDÃO

 SE LIGA

O CRISTÃO ENCONTRA na comunidade acolhida perdão e espaço para viver.

A comunidade cristã é o lugar privilegiado para fazermos a experiência do amor fraterno, exercitando o perdão, a caridade, a correção fraterna e a responsabilidade de ir ao encontro de quem se afastou do caminho proposto por Jesus. Quando alguém é capaz de entender e viver o perdão e a reconciliação fraterna, a vida se torna mais leve e mais bonita, favorecendo um clima amigo, fraterno e de união. Quando sabemos corrigir com amor a pessoa que, tendo cometido um erro, aceita a correção fraterna e busca não voltar a errar e mudar de vida, ela se sente mais leve, em paz consigo e com os outros, e volta ao seu lugar e à vida na comunidade.

1. OLHANDO PARA A VIDA

Partilhe com o grupo como você vivenciou o compromisso assumido no encontro anterior.
- ✓ Você conseguiu ver o que existe de bom em nossa Igreja? E o que precisa melhorar?

2. ORAÇÃO INICIAL

- ✓ Para iniciar este momento de oração, faça o sinal da cruz e, em silêncio, peça ao Senhor a graça de viver corretamente tudo o que a Palavra de Deus nos inspirar e nos pedir neste dia.
- ✓ Reze com o grupo a oração do Pai-nosso, que nos convida ao amor e ao perdão.

3. ESCUTANDO A PALAVRA

- ✓ Proclamação do Evangelho segundo São Mateus 18,15-20.
- ✓ Depois de ouvir a Palavra, em silêncio, faça mais uma vez a leitura do texto.
- ✓ Conte com suas próprias palavras o que São Mateus narra no texto lido.

PENSE E ANOTE:

a) Qual frase chamou mais a sua atenção?
b) Sobre o que fala São Mateus no texto que você ouviu?

_____
_____
_____
_____
_____

4. MEDITANDO A PALAVRA

- ✓ O que a Palavra diz para você?
- ✓ Como você deve agir quando uma pessoa comete um erro?
- ✓ Qual é o ensinamento que esse texto te traz?

Ouça o catequista e escreva suas respostas às questões propostas a seguir.
- ✓ Olhe para você e para a realidade onde vive, pense e responda: acontece a correção fraterna? Como?

✓ Você consegue corrigir de maneira fraterna um amigo quando ele comete um erro? E aceita ser corrigido quando você comete um erro?

● Faça suas anotações.

5. REZANDO COM A PALAVRA

Para transformar em oração o que o texto de São Mateus te ensinou, responda às questões e, depois, anote sua oração pessoal.

✓ O que você quer dizer a Deus depois de ouvir e meditar a Palavra proclamada hoje?

✓ Que oração quer dirigir a Deus?

Reze com seu grupo, pausadamente, o Salmo 94.

✓ Conforme a motivação do catequista, peça perdão a Deus pelas vezes que julgou e não ajudou uma pessoa que se afastou da comunidade. Após cada pedido, diga: *Misericórdia, nosso Deus, perdão! Misericórdia, tende compaixão!*

6. VIVENDO A PALAVRA

✓ Como compromisso deste encontro, procure, ao longo da semana, ter gestos de perdão. E, se precisar corrigir alguém, faça isso em particular, com caridade.

✓ Anote como foi essa experiência e partilhe com o grupo, no próximo encontro, o que conseguiu fazer.

✓ Dê um abraço fraterno em seus colegas, desejando a todos uma boa semana.

LEMBRETE

12º ENCONTRO

A FORÇA DO REINO

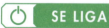 **SE LIGA**

O REINO DE DEUS é feito de coisas pequenas e exige fé e perseverança.

Para ajudar na sua missão, Jesus contou duas parábolas usando imagens bem conhecidas pelo povo daquela época: a semente de mostarda e o fermento. Com essas imagens, Jesus falou sobre o crescimento e a expansão do Reino de Deus.

Ao mencionar a semente de mostarda, a compara com o desenvolvimento do Reino de Deus. Isso porque, sendo ela a menor dentre todas as sementes, produz uma árvore bem grande. Assim é o Reino de Deus em nossas vidas: começa pequeno e cresce a cada dia. Mas, para isso, é preciso ter fé e fortalecê-la com a oração e a leitura orante da Palavra de Deus, participando da vida na comunidade. Pois Jesus disse que "se tivermos fé do tamanho de um grão de mostarda, removeremos montanhas" (cf. Mt 17,20). Quando o evangelista diz que as aves do céu faziam seus ninhos em seus ramos, porque era uma árvore muito grande, ele quer mostrar que o Reino de Deus anunciado por Jesus é para todos, sem distinção.

1. OLHANDO PARA A VIDA

Partilhe com o grupo como você vivenciou o compromisso proposto no encontro anterior sobre o amor, o perdão e a correção fraterna.

2. ORAÇÃO INICIAL

✓ Reze junto ao seu grupo, pedindo para ser capaz de compreender os ensinamentos de Jesus:

> *Senhor Jesus, abre nossa mente e nosso coração para acolher o que tens a nos propor neste encontro e nos dá a graça do entendimento para compreendermos teu ensinamento e para fazermos crescer o Reino de Deus no meio de nós. Amém!*

3. ESCUTANDO A PALAVRA

✓ Proclamação do Evangelho segundo São Lucas 13,18-21.
✓ Após ouvir a proclamação do Evangelho, ler o texto em sua Bíblia, em silêncio.
✓ Como você explicaria com suas palavras o texto que leu?

PENSE E ANOTE:

a) Quais são as duas parábolas contadas por Jesus? Sobre o que Ele fala?
b) A que Jesus compara o Reino de Deus?

4. MEDITANDO A PALAVRA

✓ O que a Palavra proclamada hoje diz para você?

✓ Qual ensinamento Jesus te dá com essas parábolas?

✓ Você percebe sinais do Reino de Deus em sua família, em nossa comunidade, na escola?

✓ De onde vem a força do Reino?

● Faça suas anotações.

5. REZANDO COM A PALAVRA

✓ Em silêncio, faça uma prece a Deus com base na Palavra que foi meditada.

✓ Escreva sua oração, para depois partilhar com o grupo.

✓ Todos juntos, peçam para serem anunciadores de Jesus:

> *Senhor Jesus, conduzido pela força do Espírito Santo, iniciaste a missão de anunciar o Reino de Deus neste mundo. Fazei, Senhor, com que ele cresça e se expanda em nossos corações, para sermos anunciadores de teus ensinamentos. Amém.*

✓ Concluam este momento de oração rezando juntos o Salmo 145,10-13.

6. VIVENDO A PALAVRA

✓ Partilhe com seus pais as duas parábolas meditadas neste encontro.
✓ Plante a semente de mostarda que recebeu do catequista em um vaso ou no jardim e cuide bem dela.

LEMBRETE

ANOTAÇÕES PESSOAIS

ANOTAÇÕES PESSOAIS

2° TEMPO

CATECUMENATO

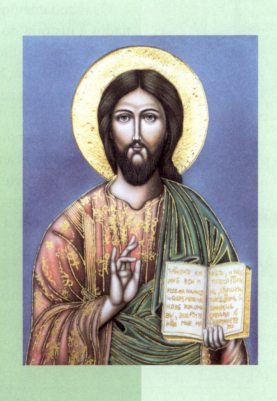

13º ENCONTRO

MANDAMENTOS: DEVERES COM DEUS E COM AS PESSOAS

SE LIGA

OS MANDAMENTOS são indicações para um caminho de fidelidade a Deus e de segurança para o povo viver na liberdade, conforme o desejo de Deus.

Os mandamentos estão relacionados à história do povo de Deus, à nossa história. Eles estão na origem da organização do povo de Deus e mostram sua vontade para o seu povo.

Os mandamentos não são proibições, mas indicam um caminho de fidelidade a Deus e de segurança para o povo viver na liberdade, conforme o desejo de d'Ele.

1. OLHANDO PARA A VIDA

Converse e partilhe com o grupo como foi viver o compromisso assumido na semana anterior.
Ouça o catequista e siga suas orientações.

2. ORAÇÃO INICIAL

✓ Faça o sinal da cruz e reze com o grupo o versículo do Salmo 119:

"Senhor, faze-me entender e guardar a tua lei, para observá-la de todo o coração". (Sl 119,34).

3. ESCUTANDO A PALAVRA

- ✓ Proclamação do texto bíblico de Ex 20,1-17.
- ✓ Releia o texto destacando o primeiro mandamento em sua Bíblia.

PENSE E ANOTE:

- a) O que esse texto bíblico apresenta?
- b) Qual mandamento você já conhecia? E como você o entende?
- c) De que forma Deus age com aqueles que guardam seus mandamentos?

4. MEDITANDO A PALAVRA

- ✓ O que a Palavra diz a você?
- ✓ Como são suas atitudes com relação ao que dizem os mandamentos?
- ✓ Pense nas situações em que existem regras. Você consegue respeitá-las sempre ou só as obedece diante de outras pessoas?

● Faça suas anotações.

- ✓ Ouça com atenção os comentários que seu catequista irá fazer sobre os mandamentos e converse com o grupo sobre eles.

5. REZANDO COM A PALAVRA

Quando rezamos e abrimos nosso coração a Deus, identificamos nossas fraquezas e dizemos: "Eu creio, mas aumentai a minha fé". Confiantes na graça de Deus, sejamos perseverantes no caminho que Ele nos propõe.

✓ O que a Palavra que ouviu hoje, apresentando os mandamentos, faz você dizer a Deus? Faça uma prece silenciosa.

Reze com o grupo o Salmo 116,10-19.

6. VIVENDO A PALAVRA

✓ Como a Palavra que foi proclamada neste encontro ensina você a viver?

✓ Durante a semana, pense:
- Qual mandamento você precisa observar mais?
✓ Todos os dias, ao acordar ou antes de se deitar, leia o primeiro e o quarto mandamentos e pense:
- Como têm sido minhas atitudes na família e na escola?
- Tenho obedecido às regras de casa e da sala de aula? O que devo mudar?
✓ Leia e converse, em casa, com seus pais sobre o que diz a letra da música *Os Mandamentos*.

LEMBRETE

PERMANECEI NO MEU AMOR

SE LIGA

PERMANECER NO AMOR DE DEUS é um convite para viver a fé e os valores do Evangelho.

Para permanecer no amor de Deus e ser discípulo de Jesus, é preciso viver em unidade com Ele, seguir seus passos, ouvir sua Palavra, procurar viver como Ele viveu e ensinou.

Jesus nos ensinou como viver em unidade ao dizer: "Eu e o Pai somos um" (Jo 10,30). O convite de Jesus é claro: somos também convidados a ser um, com Ele e o Pai, fonte de infinito amor por nós.

1. OLHANDO PARA A VIDA

Partilhe com o grupo como foi a experiência do compromisso do encontro anterior.

- ✓ Converse com seu catequista e com o grupo:
  - Você sabe o que é uma videira? Que fruto ela produz? Você já viu uma videira?

2. ORAÇÃO INICIAL

✓ Faça o sinal da cruz para iniciar o momento de oração.
✓ Com o grupo, reze ao Pai, pedindo para permanecer unido a Ele.

> *Senhor, Pai de bondade, ajudai-nos a permanecer sempre unidos a vós. Ajudai-nos também, Senhor, a permanecermos firmes na oração, na escuta da vossa Palavra, no cuidado com o próximo, para que juntos produzamos bons frutos na propagação do vosso Reino. Amém.*

3. ESCUTANDO A PALAVRA

✓ Proclamação do Evangelho segundo São João 15,1-16.
✓ Releia o texto individualmente. Depois, com seu grupo sigam, a orientação do catequista para que cada um leia um versículo do texto proclamado.

PENSE E ANOTE:

a) O que mais chamou a sua atenção no texto? O que você pensa sobre ele?
b) Quantas vezes a palavra "permanecer" aparece no texto?
c) O que diz a você essa Palavra que ouviu hoje?

----

4. MEDITANDO A PALAVRA

Pense sobre as questões apresentadas e converse com seus colegas sobre as respostas.

✓ O que Jesus quer ensinar com a Palavra que hoje ouvimos?
✓ O que significa permanecer no amor de Deus?
✓ Como você pode permanecer nessa relação com o Senhor?
✓ O que afasta você do amor de Deus e impede que permaneça nele no cotidiano da sua vida?

● Anote as ideias que considerar mais importantes para sua vida cristã e partilhe com seu grupo.

5. REZANDO COM A PALAVRA

✓ Qual oração a Deus está em seu coração, diante da Palavra meditada?

✓ Depois de ouvir a música que seu catequista irá apresentar, repita a frase que você mais gostou.
✓ Motivado pelo texto bíblico e pela música que ouviu, dirija a Deus uma prece de louvor, um pedido de perdão ou uma súplica, partilhando com seus colegas.

6. VIVENDO A PALAVRA

✓ O que você fará durante esta semana para permanecer no amor de Deus e viver os ensinamentos que aprendeu no encontro de hoje?

✓ Como é possível amar ao próximo como Deus nos ama?

✓ Leia e reze em casa, com seus pais, o texto da Palavra de Deus meditado neste encontro.

LEMBRETE

ANOTAÇÕES PESSOAIS

15º ENCONTRO

O TESTEMUNHO DE JOÃO BATISTA

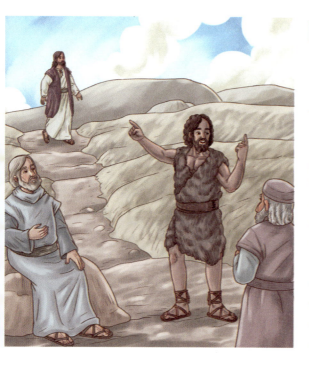

⏻ SE LIGA

ENVIADO POR DEUS, João Batista anuncia e prepara o caminho para o Senhor.

O Tempo do Advento, tempo próprio de preparação para o Natal do Senhor Jesus, convida-nos a meditar sobre o mistério da Encarnação do Senhor: Deus que vem ao nosso encontro.

João Batista é quem aponta Jesus como aquele que tira o pecado do mundo. É dele a voz que clama no deserto, dizendo a todos: "Preparai os caminhos do Senhor" (Jo 1,23b).

1. OLHANDO PARA A VIDA

Converse com o grupo sobre como foi cumprir o compromisso assumido no encontro anterior.
- ✓ O que tem percebido de diferente nas casas, nas lojas, nas escolas? O que isso indica?

2. ORAÇÃO INICIAL

- ✓ Faça o sinal da cruz e permaneça em silêncio, abrindo-se à presença de Deus.

3. ESCUTANDO A PALAVRA

✓ Proclamação do Evangelho segundo São João 1,19-34.
✓ Leia o texto, em silêncio, em sua Bíblia.

PENSE E ANOTE:

a) O que o texto diz a você?
b) Quem é Elias, conforme o texto do evangelista João?
c) Você sabe o que é um profeta? O que ele faz?
d) Qual foi o testemunho de João Batista?

4. MEDITANDO A PALAVRA

✓ Como você pode testemunhar Jesus no Natal e no cotidiano da vida?
✓ O que você entende por "endireitai o caminho do Senhor"?
✓ Qual a postura de João Batista e o que ele dizia de si mesmo?

● Faça suas anotações.

5. REZANDO COM A PALAVRA

✓ O que a Palavra de Deus faz você rezar hoje? Qual é a sua prece, a sua súplica? Escreva-a.

Reúna-se com um colega e formem uma dupla. Depois, siga a orientação do catequista, fazendo o que for solicitado.

6. VIVENDO A PALAVRA

✓ O que Palavra de Deus que você ouviu neste encontro pede para você viver?
✓ Escreva o compromisso que você pode assumir a partir deste encontro.

✓ Como a sua família se prepara para viver o Natal?
✓ Reze, durante a semana, por sua família e para que todas as pessoas se aproximem de Jesus e vivam como Ele ensinou.

LEMBRETE

ANOTAÇÕES PESSOAIS

16º ENCONTRO

JOSÉ, HOMEM DE FÉ

 **SE LIGA**

JOSÉ, NO SILÊNCIO DE SUA VIDA, viveu na fidelidade para com a escuta da vontade de Deus.

Entre tantas pessoas de quem a Bíblia nos fala, encontramos José, o pai adotivo de Jesus. José teve seu papel e significado na vida de Jesus.

As Sagradas Escrituras não trazem muitas palavras sobre José, mas dizem que foi um homem justo, modelo de honestidade, justiça e lealdade. Ele aceitou, sem compreender, o projeto divino e os desígnios do Senhor mediante a fé no projeto salvador a ele anunciado.

1. OLHANDO PARA A VIDA

Converse com seu grupo sobre como você viveu o compromisso proposto no encontro anterior.

- ✓ O que você sabe sobre José, pai adotivo de Jesus? O que já ouviu falar sobre ele e como ele agia?

2. ORAÇÃO INICIAL

- ✓ Faça o sinal da cruz, em silêncio; abaixe a cabeça e converse com Deus, agradecendo a fé e todos os dons que d'Ele recebeu.
- ✓ Reze com seu grupo, como irmãos e irmãs, a oração do Pai-nosso.

3. ESCUTANDO A PALAVRA

- ✓ Proclamação do Evangelho segundo São Mateus 1,18-25.
- ✓ Em silêncio, com muita atenção, leia a passagem do Evangelho.
- ✓ Em sua Bíblia, destaque as palavras mais difíceis e o versículo que mais chamou a sua atenção.

PENSE E ANOTE:

a) Como estava projetada a vida de José, até perceber que Maria esperava um filho?
b) Qual foi a promessa recebida por ele em sonho?
c) O que muda na vida de José e de Maria, com base no relato que ouvimos?

_____
_____
_____
_____
_____
_____

4. MEDITANDO A PALAVRA

- ✓ O que a Palavra diz a você? E para a sua vida?
- ✓ Qual ou quais os exemplos que José transmite a você para os dias de hoje?
- ✓ O que significa para você deixar seus projetos e assumir o projeto de Deus, fazendo a sua vontade?
- ✓ O que você tem feito para perceber os sinais de Deus em sua vida?

● Faça suas anotações.

_____
_____
_____
_____
_____
_____
_____

5. REZANDO COM A PALAVRA

✓ Faça silêncio e dirija a Deus sua prece de súplica ou de louvor ao Senhor.

✓ Animado pela fé, peça a intercessão de São José e faça uma prece espontânea. Após cada prece, peça com seu grupo: *São José, rogai por nós!*

Siga a orientação do catequista e depois diga com seu grupo o Creio.
Para finalizar este momento de oração, reze com o grupo o Salmo 88(89), 1-10.

6. VIVENDO A PALAVRA

✓ A partir do que conheceu e rezou neste encontro, o que inspira você para ser como São José, esse homem de fé?

✓ Que compromisso você se propõe a assumir, motivado pelo exemplo de São José? Escreva-o.

LEMBRETE

✓ Para o próximo encontro, traga uma foto de sua família.

17º ENCONTRO

A FAMÍLIA DE NAZARÉ: LUGAR DE ACOLHIDA

SE LIGA

SER IMAGEM DA FAMÍLIA de Nazaré e sinal de evangelização no mundo.

A família foi sempre um dos dons mais preciosos, um espaço de convivência e o lugar onde, desde a infância, aprende-se a amar e se vive a comunhão entre as pessoas.

O nascimento de Jesus expressa a humildade desse reinado. Enquanto os príncipes nasciam no luxo dos palácios, o Filho de Deus nasce na simplicidade. Não havia sequer lugar para ficarem hospedados. Foi em uma gruta, deitado em uma manjedoura, que o Rei dos reis foi colocado. Foi no cocho dos animais, ali onde se alimentavam, que Deus nos deu o pão da vida eterna, nosso alimento de salvação.

Deus também quis nascer no seio de uma família, portanto, Maria e José são sinais de acolhida e amor ao projeto da redenção. A família cristã pode se espelhar na família de Nazaré para melhor viver a acolhida, a escuta e o amor.

1. OLHANDO PARA A VIDA

Partilhe com o grupo o que você se lembra do encontro anterior e como vivenciou o compromisso assumido

- ✓ Converse com seus colegas:
  - O que você entende por família?
  - Como é a sua família?
  - O que você mais gosta de viver com a sua família?
  - Para você, o que é mais difícil de viver na família?

2. ORAÇÃO INICIAL

- ✓ Faça o sinal da cruz e, com seu grupo, rezem juntos a oração do Pai-nosso.

3. ESCUTANDO A PALAVRA

- ✓ Proclamação do Evangelho segundo São Lucas 2,1-14.
- ✓ Faça a leitura do texto do evangelista Lucas, em sua Bíblia.
- ✓ Conte ao seu grupo, com suas palavras, a passagem que você leu.

PENSE E ANOTE:

- a) Em que situação aconteceu o fato narrado na passagem que foi lida?
- b) A quem foi dirigido o primeiro anúncio do nascimento de Jesus? Quais as palavras utilizadas pelo Anjo?
- c) Qual foi a expressão utilizada pelo coro dos Anjos?

----

4. MEDITANDO A PALAVRA

✓ O que a Palavra diz a você no contexto de hoje?

✓ Quais são os sinais que encontramos no nascimento de Jesus?

✓ O que mais chamou a sua atenção nesse fato do nascimento de Jesus?

✓ Os pastores acolheram a mensagem do Anjo e partiram apressadamente para verem o menino. E você, hoje, estaria disposto a ir de imediato ao encontro do Senhor?

✓ Você se considera uma pessoa acolhedora? Por quê?

✓ A Sagrada Família não encontrou acolhida em nenhuma hospedaria. E hoje, como a sociedade acolhe as pessoas?

✓ Quem nós acolhemos mais e melhor?

● Faça suas anotações.

5. REZANDO COM A PALAVRA

✓ Em silêncio, observe os símbolos presentes na sala para este encontro e pense sobre o que eles te falam.

✓ O que você quer dizer a Deus a partir deste encontro? Que oração está em seu coração?

Reze com o grupo o Salmo 128 (127).

6. VIVENDO A PALAVRA

✓ Como compromisso, nesta semana, você deve procurar se informar e conhecer os grupos que existem em sua paróquia e que trabalham com as famílias.

✓ Conversando com os coordenadores que atuam junto a esses grupos, você poderá conhecer um pouco do que eles fazem. No próximo encontro, traga o nome do grupo e do coordenador, além do serviço que realizam, anotando as informações.

✓ Converse com seus familiares sobre a importância da família. Depois, proponha que rezem juntos o Salmo 128 (127).

LEMBRETE

✓ Anote a data que deverão retornar aos encontros da catequese.

✓ Participe da celebração da Quarta-feira de Cinzas, que acontecerá no início do ano.

18º ENCONTRO

PROSSEGUIR NO CAMINHO COM JESUS

 **SE LIGA**

A FRATERNIDADE se expressa em gestos, em atitudes e no modo de viver.

A Quaresma é o tempo que nos ajuda a fortalecer nossa decisão de prosseguir com Jesus no caminho que Ele nos propõe.

O período da Quaresma nos recorda que Jesus foi provado em sua missão, mas, fortalecido pela Palavra, enfrentou desafios que envolveram desde a satisfação de uma necessidade básica, como a fome, até o desejo de poder, passando pela busca de segurança religiosa. A reação de Jesus diante das tentações que lhe foram propostas o mostra em sintonia com a vontade de Deus e contra soluções simples e enganadoras que, no final, promovem dominação e violência. Jesus não tentou manipular Deus e nem agiu buscando conseguir privilégios.

1. OLHANDO PARA A VIDA

Comente com o grupo como você viveu o tempo do Natal e suas férias.

✓ Que novidades tem para compartilhar?

2. ORAÇÃO INICIAL

✓ Faça o sinal da cruz, iniciando o encontro.
✓ Em silêncio, olhe para os símbolos que estão no local do encontro e faça uma oração pedindo luz para que possam retomar o caminho da iniciação cristã e viver bem o tempo da Quaresma.

3. ESCUTANDO A PALAVRA

✓ Proclamação do Evangelho segundo São Mateus 4,1-11.
✓ Depois de ouvir a proclamação do Evangelho, faça uma leitura silenciosa do texto.

PENSE E ANOTE:

a) Quais foram as tentações de Jesus e como Ele reagiu?
b) Onde buscou força para vencer?
c) Quais são os personagens que aparecem no texto?

_____
_____
_____
_____
_____
_____
_____
_____

4. MEDITANDO A PALAVRA

✓ O que você aprendeu hoje com a Palavra?
✓ Você percebe que enfrenta dificuldades, tal como Jesus enfrentou?
✓ Como você enfrenta as dificuldades que aparecem?
✓ Quais as tentações que a vida ou a sociedade apresentam hoje?
✓ Diante das dificuldades, como prosseguir firme no caminho de Jesus?

● Faça suas anotações.

5. REZANDO COM A PALAVRA

Jesus nos ensina que precisamos de Deus para resistirmos às tentações deste mundo.

✓ Pense, escreva e faça uma oração pessoal a Jesus, para que Ele te ajude a resistir às tentações e perdoe suas faltas.

✓ Reze com o grupo, agradecendo a Jesus por ajudá-lo a resistir às tentações:

Ó Senhor, agradecemos a tua Palavra, os teus ensinamentos, os sacramentos e tudo o que nos auxilia a resistir às tentações deste mundo, para que possamos gozar da tua eterna presença.
Pai nosso, que estais nos céus...

6. VIVENDO A PALAVRA

✓ Seguindo a orientação da Palavra de Deus que foi proclamada hoje, assuma como compromisso para esta semana procurar resistir a uma tentação que, para você, parece muito atraente. Não se esqueça de anotar seu compromisso.

LEMBRETE

ANOTAÇÕES PESSOAIS

19º ENCONTRO

VIVER A FRATERNIDADE COM GESTOS CONCRETOS

> **SE LIGA**
>
> A FRATERNIDADE se expressa em gestos, em atitudes e no modo de viver.

Todos nós somos livres para viver como escolhermos, mas não podemos nos esquecer de que o modo como vivemos e as escolhas que fazemos usando nossa liberdade determinam nosso destino futuro. A salvação que Jesus nos oferece depende de vivermos segundo seus ensinamentos.

1. OLHANDO PARA A VIDA

Partilhe com o grupo algum acontecimento importante da semana.
- ✓ Como você conseguiu viver o compromisso assumido no encontro anterior?
- ✓ Precisou vencer alguma tentação? Como se sentiu?

2. ORAÇÃO INICIAL

- ✓ Para iniciar o encontro, faça o sinal da cruz.
- ✓ Seguindo as orientações do catequista, em silêncio, olhe para as imagens expostas na sala de encontro e pense: o que elas dizem a você?
- ✓ Faça uma prece individual, pedindo que Jesus te ajude a ter um olhar fraterno diante das situações que as imagens mostram, ou o perdão por se deixar levar pelo egoísmo e pela indiferença.

3. ESCUTANDO A PALAVRA

✓ Proclamação do Evangelho segundo São Lucas 16,19-31.
✓ Faça a leitura do texto proclamado, em sua Bíblia.

PENSE E ANOTE:

a) Quais são os personagens que aparecem no relato?
b) Sobre o que é o texto bíblico que você leu?

4. MEDITANDO A PALAVRA

✓ O que você aprendeu hoje com a Palavra que foi proclamada?
✓ Conforme o texto bíblico, qual foi a atitude do homem rico em relação a Lázaro?
✓ O que aconteceu com cada um deles depois que morreram?
✓ Depois da morte, é possível mudar de vida ou ter contato com pessoas que amamos e ficaram na Terra?
✓ Como pode alertar a você mesmo e às pessoas que ama que devemos viver a fraternidade?
✓ Existem hoje realidades e desigualdades sociais? Como? Por quê?

● Faça suas anotações.

5. REZANDO COM A PALAVRA

✓ O que a Palavra faz você dizer a Deus?

✓ Reze em silêncio. Escreva sua oração e depois partilhe com o grupo.

Reze com seu grupo, na Bíblia, o Salmo 146.

✓ Com todo o grupo, diga a oração:

Deus de amor, ajudai-nos a enxergar, ouvir, compreender e agir em favor dos nossos irmãos mais necessitados. Fazei com que possamos viver a verdade e a caridade com todos os que passarem por nossa vida, e sempre vos buscar com humildade nos momentos difíceis, sem nunca desanimar. Amém.

6. VIVENDO A PALAVRA

✓ O que você pensa que pode ser feito para diminuir as desigualdades que existem entre as pessoas?

✓ Quais gestos de fraternidade você se propõe a viver e assumir nesta semana?

✓ Escreva as respostas a essas questões, mostrando como pretende viver a Palavra que ouviu hoje.

LEMBRETE

20º ENCONTRO

HOJE ENTROU A SALVAÇÃO

SE LIGA

A SALVAÇÃO é um dom que Deus nos oferece.

Zaqueu era um homem que desejou muito encontrar-se com Jesus e conseguiu. Um verdadeiro e extraordinário encontro aconteceu entre os dois, a partir do qual Zaqueu deu início a uma nova maneira de viver. Isso aconteceu porque é impossível encontrar-se com o Senhor e não ser transformado por Ele.

1. OLHANDO PARA A VIDA

Converse com o grupo sobre como foram vivenciados os compromissos propostos no encontro anterior. Que experiências você pode partilhar?

✓ Você já teve um encontro com uma pessoa, um parente ou um amigo que marcou sua vida?

2. ORAÇÃO INICIAL

✓ Faça o sinal da cruz e, em silêncio, dirija a Deus sua oração pessoal, pedindo coragem para buscar um encontro verdadeiro com Jesus.
✓ Reze a oração do Pai-nosso com o grupo.

3. ESCUTANDO A PALAVRA

✓ Proclamação do Evangelho segundo São Lucas 19,1-10.

PENSE E ANOTE:

ⓐ Qual acontecimento é narrado no texto que foi proclamado?
ⓑ Quais são os personagens que aparecem no texto?
ⓒ O que aconteceu entre Zaqueu e Jesus?

----

4. MEDITANDO A PALAVRA

✓ O que você aprendeu hoje com a Palavra de Deus?
✓ Conforme o texto bíblico, qual era o desejo de Zaqueu?
✓ Como Jesus agiu nesse episódio bíblico?
✓ A partir da leitura e da reflexão sobre esse texto bíblico, você percebe que pode ter um encontro verdadeiro com Jesus?
✓ As pessoas buscam encontrar Jesus e permitem que Ele entre em sua casa, sua vida, seu trabalho, na roda de amigos?

● Faça suas anotações.

5. REZANDO COM A PALAVRA

✓ O que o Evangelho de hoje leva você a dizer a Deus?
✓ Diante da cruz que seu catequista trouxe para o encontro, dirija sua súplica, seu pedido de perdão ou seu louvor a Deus, que sempre oferece sua vida e a salvação para cada um de nós.
✓ Faça sua oração individual, escreva-a e depois partilhe com o grupo.

✓ Rezem todos juntos, em agradecimento a Deus pelo amor que d'Ele todos nós recebemos.

> *Ó Senhor Deus, que sempre nos ofereceis a salvação, vos agradecemos por tão grande amor que tendes para com a humanidade ferida, machucada, mas desejosa da vossa salvação e do vosso perdão. Obrigado pela oportunidade que temos de abrir a porta do nosso coração para que possas entrar e transformar a nossa vida, fazendo com que vejamos o que é verdadeiramente importante e nos desapeguemos dos comportamentos egoístas que nos afastam de vós. Por Jesus Cristo, nosso Senhor. Amém.*

6. VIVENDO A PALAVRA

✓ Seguindo a orientação da Palavra meditada, seu compromisso será procurar desapegar de algo que gosta, em benefício do próximo.

✓ Escreva seu compromisso.

LEMBRETE

21º ENCONTRO

BENDITO O QUE VEM EM NOME DO SENHOR

SE LIGA

BENDITO O QUE VEM em nome do Senhor! Hosana ao filho de Davi.

Esta foi a aclamação do povo, da multidão, ao acolher Jesus, que entra em Jerusalém para completar sua missão: "Bendito o que vem em nome do Senhor! Hosana ao filho de Davi". Se Jesus se fez Messias pobre e desarmado, não podem fazer d'Ele um Messias glorioso e poderoso. A celebração do Domingo de Ramos abre a caminhada da Semana chamada Santa, a Semana da Paixão, em que somos chamados a participar do grande mistério da fé cristã: Paixão, Morte e Ressurreição do Senhor Jesus.

1. OLHANDO PARA A VIDA

Como os compromissos assumidos no último encontro foram vividos durante a semana?

2. ORAÇÃO INICIAL

- ✓ Faça o sinal da cruz, que nos identifica como cristãos.
- ✓ Olhe para os objetos que seu catequista expôs na sala de encontro e reflita sobre: o que eles indicam? O que eles te fazem recordar? Por quê?

3. ESCUTANDO A PALAVRA

✓ Proclamação do Evangelho segundo São Mateus 21,1-11.
✓ Depois de ouvir a proclamação da Palavra, leia em silêncio o texto em sua Bíblia.
✓ O que é narrado nesse texto bíblico? Conte com suas palavras e com a ajuda dos colegas.

PENSE E ANOTE:

a) Quem faz parte da cena descrita no texto? Onde e como acontece o fato narrado?
b) Que palavras e expressões são fortes nessa Palavra de Deus?

---

4. MEDITANDO A PALAVRA

✓ O que a Palavra diz para você e para o nosso grupo de catequese?
✓ Quais são os apelos que esse texto traz a você?
✓ Como você reconhece e acolhe Jesus em sua vida?
✓ Quem é aclamado como importante no mundo de hoje e em nossas comunidades?

● Faça suas anotações.

5. REZANDO COM A PALAVRA

✓ O que a Palavra proclamada faz você dizer a Deus?

✓ Em silêncio, faça sua oração de louvor, de agradecimento ou de súplica dirigida a Deus.

✓ Seguindo a orientação do catequista, acompanhe a oração que ele irá fazer.

Ó Deus, com ramos de oliveira, crianças e pobres aclamaram Jesus ao entrar na cidade santa. Abençoai este nosso grupo, que, com ramos nas mãos, deseja seguir Jesus no caminho. Colocai em nossos lábios o louvor e dai-nos a graça de produzirmos frutos de paz, de justiça, de fraternidade e de amor. Amém.

Para concluir este momento orante, digam em grupo, todos juntos, a oração do Pai-nosso.

6. VIVENDO A PALAVRA

✓ Que compromisso você irá assumir nesta semana que chamamos de Semana Santa?

LEMBRETE

✓ Convide sua família para participar das celebrações do Tríduo Pascal na Semana Santa: a ceia do Senhor, na quinta-feira; a Paixão do Senhor, na sexta-feira; e a solene Vigília Pascal, no sábado.

22º ENCONTRO

LEVANTEM-SE E REZEM PARA SEREM FIÉIS À VONTADE DO PAI

⏻ SE LIGA

JESUS QUER LEVAR SUA MISSÃO às últimas consequências, em obediência à vontade do Pai.

O caminho que Jesus fez rumo à sua Paixão, Morte e Ressurreição o fez na fidelidade e na obediência à vontade do Pai.

Jesus quis levar sua missão às últimas consequências, mesmo enfrentando dor e sofrimento. Somente com muita oração Ele conseguiu encontrar forças para concluir sua missão.

1. OLHANDO PARA A VIDA

Partilhe com o grupo como você está se preparando para celebrar bem a Semana Santa e a Páscoa de Jesus. O que está sendo mais importante neste tempo?

2. ORAÇÃO INICIAL

- ✓ Faça o sinal da cruz e, em silêncio, pense que está acompanhando Jesus no caminho rumo à cruz, à sua entrega definitiva ao Pai.
- ✓ Olhe para os objetos que estão no ambiente do encontro, pense sobre o que eles significam e faça sua oração individual.

3. ESCUTANDO A PALAVRA

- ✓ Proclamação do Evangelho segundo São Lucas 22,39-46.
- ✓ Ouça com atenção o texto, que será proclamado uma segunda vez.

✓ Em silêncio, leia em sua Bíblia essa passagem do Evangelho, com atenção às palavras, ao lugar onde Jesus se encontra, a quem está com Ele e à oração que Ele dirige ao Pai.

PENSE E ANOTE:

a) Sobre o que é o texto proclamado?

b) Converse com os colegas sobre o que entendeu e partilhe com o grupo o que descobriu.

4. MEDITANDO A PALAVRA

✓ O que a Palavra proclamada diz a você?

✓ O que mais chamou sua atenção?

✓ Todas as pessoas podem passar por tristezas e sofrimentos. Vamos conversar sobre o que pode nos fazer sofrer ou nos deixar tristes?

✓ O que causa tristeza e sofrimento a nossas famílias, aos pobres, às nossas comunidades? Como você reage diante dessas situações?

● Faça suas anotações.

5. REZANDO COM A PALAVRA

- ✓ Diante da Palavra que escutou e meditou, reze em silêncio ao Pai.
- ✓ O que você quer dizer a Deus? Em silêncio, escreva a sua oração.

- ✓ Após a partilha das orações, diga com o grupo: *Deus Santo, Deus forte, Deus imortal, tende piedade de nós e do mundo inteiro.*

> *Com o grupo, reze o Salmo 31,1-9.*
> *Após cada dois versículos diga com o grupo: Eu me entrego, Senhor, em tuas mãos e espero pela tua salvação!*

- ✓ Conclua este momento rezando com o grupo: *Glória ao Pai, ao Filho e ao Espírito Santo. Como era no princípio, agora e sempre. Amém.*

6. VIVENDO A PALAVRA

- ✓ Como podemos acompanhar mais de perto os passos de Jesus, durante esta semana?
- ✓ Esta é uma semana de oração e de maior silêncio, em preparação à celebração da Páscoa da Ressurreição de nosso Senhor Jesus Cristo. O compromisso para a semana será rezar em casa, com sua família, e participar da programação religiosa da paróquia, da via-sacra e das celebrações do Tríduo Pascal.

LEMBRETE

- ✓ Participe das celebrações da Semana Santa.

PÁSCOA JUDAICA E PÁSCOA CRISTÃ

SE LIGA

A VIDA CRISTÃ está centrada no mistério da Páscoa de Jesus.

Para o povo da Antiga Aliança, a festa da Páscoa, dos pães ázimos, fazia a memória da passagem da escravidão para a liberdade. Era celebrada em torno da mesa onde comiam o cordeiro com pães ázimos e ervas amargas. Essa comemoração se repetia todos os anos.

Jesus, como bom judeu, certamente celebrou várias vezes essa ceia pascal. Assim, quis que a última ceia com seus discípulos significasse a Nova Aliança, sinalizada pelo pão e pelo vinho partilhados, dando a ela uma dimensão pascal, marcando sua passagem de volta ao Pai. A nossa vida cristã, desde o Batismo até a passagem para a eternidade, está centrada no mistério pascal, que ocupa lugar central na vida da Igreja.

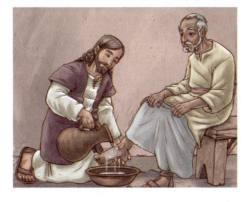

1. OLHANDO PARA A VIDA

Conte para os seus colegas como você viveu o compromisso do encontro anterior.

2. ORAÇÃO INICIAL

✓ Participe deste momento, seguindo as orientações de seu catequista.

3. ESCUTANDO A PALAVRA

✓ Proclamação do texto bíblico de Rm 6,3-11.
✓ Depois de ouvir a proclamação da Palavra, leia o texto em sua Bíblia.

PENSE E ANOTE:

a) O que o texto diz a você?
b) O que mais chamou a sua atenção nessa leitura?

4. MEDITANDO A PALAVRA

✓ O que a Palavra que foi proclamada te ensina?
✓ O que significa a palavra "Páscoa"?
✓ Você sabe qual é a diferença entre a Páscoa judaica e a Páscoa cristã?
✓ Na Páscoa judaica, era imolado um cordeiro. E na Páscoa cristã, o que é imolado?
✓ Leia o texto e depois comente o que você entendeu.
✓ A solenidade da Páscoa é o tempo para o Batismo dos catecúmenos, que são aqueles que querem se tornar cristãos, seguidores de Jesus Cristo, e se prepararam para receber esse sacramento. Esse é, também, o momento em que os já batizados renovam seu Batismo, morrendo com Cristo para ressuscitar com Ele.

● Faça suas anotações.

5. REZANDO COM A PALAVRA

✓ O que o encontro de hoje leva você a dizer a Deus?

✓ Em silêncio, olhe para os símbolos no ambiente do encontro e faça uma oração individual. Depois, partilhe sua oração com o grupo.

✓ Todos juntos, façam preces de agradecimento. Após cada prece, digam: *Nós te agradecemos.*

> – Senhor Jesus, que por sua Morte e Ressurreição nos deu a vida.
>
> – Cristo, vencedor do pecado e da morte.
>
> – Amigo da humanidade, Ressuscitado e vivo à direita do Pai.
>
> – Cordeiro imolado, que te ofereces para resgatar-nos do mal.
>
> – Pão vivo e remédio de imortalidade, que nos dá a vida eterna.

✓ Junto aos símbolos apresentados no encontro, seguindo a orientação do catequista, bendizer ao Senhor após cada prece, dizendo junto ao grupo: *Demos graças a Deus.*

– *Nós vos agradecemos, ó Pai, porque, ressuscitado, Jesus se manifestou aos discípulos de Emaús durante uma refeição, tirando dos seus corações as sombras e a tristeza da morte.*
– **Demos graças a Deus.**
– *Nós vos agradecemos, Senhor nosso Deus, porque, ressuscitado, Jesus quis fazer do alimento, preparado e partilhado fraternamente, sinal de que está vivo e nos fortalece e anima a cada novo dia.*
– **Demos graças a Deus.**
– *Hoje, que lembramos a Páscoa de Jesus, Ele nos alegra com a sua presença entre nós, enquanto comemos e bebemos em seu nome, como irmãos e irmãs.*
– **Demos graças a Deus.**
– *Derrama sobre nós e estes alimentos a vossa bênção, o Pai e o Filho e o Espírito Santo. Amém.*

6. VIVENDO A PALAVRA

✓ Em casa, leia com seus pais o texto bíblico de Ex 12,1-8.11-14, que narra como era celebrada a Páscoa judaica.

LEMBRETE

✓ Participe da celebração da Páscoa na comunidade, com sua família.

ANOTAÇÕES PESSOAIS

24º ENCONTRO

CREIO NA RESSURREIÇÃO

 **SE LIGA**

A RESSURREIÇÃO DE JESUS é o elemento fundamental da nossa fé!

Deus Pai colocou Jesus Ressuscitado à sua direita, com a plenitude do Espírito Santo. Jesus é o sinal da nossa ressurreição e da transformação final do universo.

Jesus continua a viver em nossas famílias e comunidades e, de maneira especial, na Eucaristia e na proclamação da Palavra. O Cristo Ressuscitado marca bem a passagem das trevas para a luz, da morte para a vida, da tristeza para a alegria.

1. OLHANDO PARA A VIDA

Apresente aos seus colegas como foi a partilha com seus pais.

Comente com os colegas o que você entendeu, a partir do encontro anterior, que significa dizer que pelo Batismo morremos para o pecado e nascemos para uma vida nova.

2. ORAÇÃO INICIAL

✓ Faça o sinal da cruz e, com o grupo, professem a fé dizendo juntos o Creio.

3. ESCUTANDO A PALAVRA

- ✓ Proclamação do texto bíblico de 1Cor 15,12-21.
- ✓ Depois de ouvir a proclamação da Palavra, leia o texto, seguindo a orientação do catequista.

PENSE E ANOTE:

(a) Qual é o tema do texto bíblico?

(b) O que mais chamou a sua atenção nessa leitura?

4. MEDITANDO A PALAVRA

- ✓ O que a Palavra de Deus que foi proclamada te ensina?
- ✓ Como deve ser sua vida no dia a dia para alcançar a ressurreição prometida por Jesus?
- ✓ Qual a diferença entre crer na ressurreição e na reencarnação? Em que crê o cristão batizado?

● Faça suas anotações.

Ouça com atenção a orientação do catequista para realizar a atividade que será solicitada.

5. REZANDO COM A PALAVRA

✓ Depois de ouvir e meditar a Palavra, em silêncio, pense: o que quer dizer a Deus?

✓ Escreva sua oração pessoal, dirigindo a Deus seu louvor, agradecimento, pedido de perdão ou súplica.

✓ Todos juntos, digam mais uma vez o Creio, com seriedade, procurando interiorizar as palavras que fundamentam nossa fé.

> Seguindo a orientação do catequista, olhe para a vela acesa presente no ambiente, que recorda o Cristo Ressuscitado, e diga: *Creio, Senhor, mas aumenta a minha fé.*

6. VIVENDO A PALAVRA

✓ Durante a semana, converse com seus pais ou responsáveis sobre a importância de crer na ressurreição de Jesus.

✓ Escreva uma mensagem sobre a ressurreição e traga no próximo encontro para entregar a um dos colegas.

LEMBRETE

25º ENCONTRO

RECONHECERAM-NO AO PARTIR O PÃO

 SE LIGA

O ENCONTRO DOS DISCÍPULOS com Jesus não se dá na Palavra que o desconhecido dirige a eles no caminho e no partir do pão.

Os gestos e atitudes de Jesus, vividos junto aos discípulos em sua vida pública, levaram os discípulos de Emaús a reconhecê-lo no gesto de partir o pão. Isso despertou os discípulos a descobrirem a sua missão e imediatamente se colocarem a caminho para comunicar o que tinham visto e ouvido.

Os dois discípulos de Emaús voltaram à comunidade com a missão de comunicar o Ressuscitado!

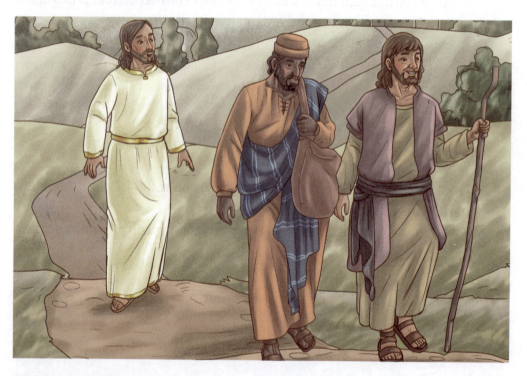

1. OLHANDO PARA A VIDA

O que você recorda do encontro anterior, sobre a ressurreição de Jesus? Partilhe com o grupo o que conseguiu fazer do compromisso assumido.

2. ORAÇÃO INICIAL

- ✓ Faça o sinal da cruz e reze o Pai-nosso com todo o grupo.
- ✓ Siga a orientação do catequista e depois reze a oração:

> *Senhor Jesus, fazei com que sejamos capazes de reconhecer teu amor e tua presença nas celebrações de que participamos, em nossos irmãos de comunidade e também naquele mais necessitado e, às vezes, afastado de ti. Amém.-*

3. ESCUTANDO A PALAVRA

- ✓ Proclamação do Evangelho segundo São Lucas 24,13-35.
- ✓ Siga a orientação do catequista para a leitura do texto.

PENSE E ANOTE:

- a) Qual é o assunto do texto que você leu?
- b) Quais são os personagens? Como eles se sentem e onde estão?
- c) O que acontece com os personagens no caminho?
- d) O que mais chamou a sua atenção nessa leitura?

_____
_____
_____
_____
_____

> Em duplas, releiam o texto; depois, caminhem pela sala, enquanto partilham a narrativa.

4. MEDITANDO A PALAVRA

- ✓ O que a Palavra te fala? Que apelos ela faz a você?
- ✓ Que decepções e tristezas podem nos cegar e não nos deixar reconhecer que Jesus caminha conosco?
- ✓ Você crê na Ressurreição de Jesus?
- ✓ Você também crê em sua presença nas pessoas, nos acontecimentos e na Eucaristia?
- ✓ Como tem sido a sua participação e de sua família na missa dominical?
- ✓ Você considera importante participar da missa dominical? Por quê?

- Faça suas anotações.

5. REZANDO COM A PALAVRA

✓ Neste momento de encontro com Jesus, escreva a oração que você quer dirigir a Ele, com seus pedidos ou um louvor.

✓ Olhe para o pão que seu catequista mostrar e converse com o grupo: para que serve? Todos têm igualmente o pão cotidiano?
✓ Faça uma prece espontânea de agradecimento pelo pão de cada dia e pelo pão da Palavra e da Eucaristia, dons de Deus para nós.

6. VIVENDO A PALAVRA

✓ Como compromisso, leia e reflita em família a Palavra de Deus que ouviu neste encontro, partilhando o que aprendeu.
✓ Converse com sua família sobre a importância de participar na missa dominical, como grande momento para dar graças a nosso Deus e de encontro com Jesus. Após essa conversa, convide sua família para participar da celebração na comunidade.

 **LEMBRETE**

✓ Convidar a família para participar da celebração na comunidade.

26º ENCONTRO

IDE ANUNCIAR A BOA-NOVA A TODOS OS POVOS

SE LIGA

TODO O BATIZADO é enviado a anunciar a boa-nova a todos os povos.

"Ide por todo o mundo, proclamai o Evangelho a toda criatura" (Mc 16,15). Esse é o mandato do Senhor Jesus aos discípulos. Eles são chamados e enviados a continuarem a missão do próprio Jesus.

Esse é também o pedido que o Senhor Ressuscitado faz a todo cristão, é o chamado que faz depois de experimentar na sua vida a força da ressurreição.

A esse pedido precisamos responder, assumindo, na realidade em que vivemos, a missão deixada por Jesus a cada um de nós e o nosso compromisso de batizados, que é anunciar a boa-notícia, Jesus, a todas as pessoas.

1. OLHANDO PARA A VIDA

Partilhe com um colega algumas coisas que aconteceram durante a semana, em casa, na escola ou na comunidade. Diga como se sentiu ao cumprir o compromisso do encontro anterior.

2. ORAÇÃO INICIAL

✓ Siga a orientação do catequista e reze com todo o grupo: *Glória ao Pai e ao Filho e ao Espírito Santo. Como era no princípio, agora e sempre. Amém.*

3. ESCUTANDO A PALAVRA

✓ Proclamação do Evangelho segundo São Marcos 16,9-16.

✓ Leia o texto bíblico, de acordo com a orientação do catequista.

PENSE E ANOTE:

a) O que o texto diz?

b) O que mais chamou a sua atenção nessa passagem do Evangelho? Por quê?

4. MEDITANDO A PALAVRA

✓ O que a Palavra proclamada hoje te ensina?

✓ Você entende que ser cristão é ser missionário? Por quê?

✓ Nossa catequese tem sido missionária? Por quê?

✓ Como batizados, todos somos missionários. Como é viver isso na prática?

✓ Você tem participado da dimensão missionária em nossa comunidade? Como?

● Faça suas anotações.

> Siga as orientações do catequista para conhecer mais sobre o trabalho missionário.

5. REZANDO COM A PALAVRA

✓ Olhe para os símbolos que estão colocados na sala de encontro, pense sobre o que cada um significa e dirija sua oração a Deus, tendo presente o que ouviu e meditou.

✓ Reze em silêncio e depois escreva e partilhe sua oração.

✓ Diga com seu grupo a Oração Missionária, pedindo a graça de ser testemunha do Evangelho de Jesus Cristo.

> *Pai Nosso, o vosso Filho unigênito, Jesus Cristo, Ressuscitado dentre os mortos, confiou aos seus discípulos o mandato: "Ide e fazei discípulos todos os povos". Recordai-nos que, pelo Batismo, tornamo-nos participantes da missão da Igreja. Pelos dons do Espírito Santo, concedei-nos a graça de sermos testemunhas do Evangelho, corajosos e vigilantes, para que a missão confiada à Igreja, ainda longe de estar realizada, encontre novas e eficazes expressões que levem vida e luz ao mundo. Ajudai-nos, Pai Santo, a fazer com que todos os povos possam encontrar-se com o amor e a misericórdia de Jesus Cristo, Ele que é Deus convosco, vive e reina na unidade do Espírito Santo, agora e para sempre. Amém.*

> Conclua este momento de oração rezando com seu grupo o Salmo 67(66).

6. VIVENDO A PALAVRA

✓ Durante esta semana, pense como pode ser um missionário em casa, na escola, na comunidade ou com os amigos. Escreva o que você sugere que pode fazer ou gostaria de fazer.

LEMBRETE

ANOTAÇÕES PESSOAIS

27º ENCONTRO

O ESPÍRITO SANTO UNE A IGREJA

SE LIGA

O ESPÍRITO SANTO, enviado por Jesus Ressuscitado, enriquece a Igreja com seus dons.

Cada cristão é membro da Igreja de Jesus Ressuscitado, animada pelo Espírito Santo que Ele nos enviou. É esse Espírito que enriquece a Igreja com seus dons e carismas distribuídos a cada um dos membros, conforme a sua vontade, para o bem de todos. A Igreja de Jesus se fortalece e caminha na comunhão das pessoas que colocam seus dons e capacidades a serviço da promoção da vida, da justiça e da paz.

1. OLHANDO PARA A VIDA

Partilhe o que aconteceu na semana, o que te deu alegria ou tristeza. Converse com o grupo sobre o tema do encontro anterior: do que você se lembra? E o compromisso que assumiu, como foi concretizado?

2. ORAÇÃO INICIAL

✓ Faça o sinal da cruz e, com todo o grupo, faça sua oração ao Espírito Santo, que está no final do livro.

3. ESCUTANDO A PALAVRA

✓ Proclamação do texto bíblico de 1Cor 12,4-11.
✓ Leia individualmente o texto, em silêncio.

PENSE E ANOTE:

a) Sobre o que é o texto que foi proclamado?

b) Quais são os dons e os carismas que o Espírito Santo concede a cada pessoa?

c) O que você deve fazer, segundo esse texto, com os dons e carismas que recebe do Espírito Santo?

----

4. MEDITANDO A PALAVRA

✓ O que a Palavra que ouviu diz para você?
✓ O que essa Palavra te ensina e pede?
✓ Você já pensou e consegue identificar quais os dons ou qual carisma você tem? Como pode começar a ajudar a comunidade?

● Faça suas anotações

> Orientado pelo catequista, identifique os ministérios que conhece em sua comunidade.

5. REZANDO COM A PALAVRA

✓ O que a Palavra leva você a dizer a Deus? Faça silêncio no seu coração e reze ao Pai.

✓ Escreva sua oração, para depois partilhar com os colegas do grupo.

> Ouça o catequista e agradeça a Deus por todas as pessoas que colocam sua vida a serviço do bem de todos.
> Reze com seu grupo o Salmo 23.

6. VIVENDO A PALAVRA

✓ O que você irá assumir como compromisso deste encontro de hoje?

LEMBRETE

28º ENCONTRO

TRINDADE SANTA: MODELO DE COMUNIDADE

 **SE LIGA**

CADA UM DE NÓS CARREGA em si a marca do Deus uno e trino.

Rezar e refletir sobre a Santíssima Trindade nos faz lembrar e tomar consciência de que carregamos em nós a marca do Deus uno e trino. Fomos batizados em nome do Pai e do Filho e do Espírito Santo. As três pessoas divinas são distintas, com identidades próprias, mas constituem um mesmo e único Deus. Trindade é comunhão.

A comunidade trinitária é um modelo de unidade e de fraternidade para todos nós. Ela nos convida a viver essa realidade entre nós, povo de batizados, em nossas comunidades eclesiais, para sermos sal e luz no mundo.

1. OLHANDO PARA A VIDA

✓ Recordando o compromisso do encontro anterior, partilhe com o grupo os diferentes serviços que identificou na comunidade e o que faz cada um deles.

2. ORAÇÃO INICIAL

✓ Faça o sinal da cruz, iniciando nosso encontro em nome da Trindade Santa.

3. ESCUTANDO A PALAVRA

✓ Proclamação do Evangelho segundo São Mateus 28,16-20.

PENSE E ANOTE:

a) Quais são os personagens do texto proclamado?

b) Onde acontece a cena? Qual a atitude dos discípulos?

c) Quais as palavras de Jesus aos discípulos?

4. MEDITANDO A PALAVRA

✓ O que a Palavra de Deus proclamada e a realidade da Santíssima Trindade dizem a você?

✓ O que ensina a Santíssima Trindade?

✓ Você já pensou no que significa dizer "em nome do Pai e do Filho e do Espírito Santo"?

✓ Como o mundo, a sociedade e a Igreja vivem a comunhão ensinada pela Trindade Santa?

● Faça suas anotações

5. REZANDO COM A PALAVRA

✓ O que você quer dizer a Deus hoje?
✓ Olhe para a imagem da Trindade Santa, em silêncio, e deixe que ela fale.
✓ Que oração você quer dirigir ao Deus Trindade?

✓ Siga a orientação do catequista e reze com seu grupo a oração:

Ó Deus, fonte de toda bênção, nós vos bendizemos por esta água que criastes para fecundar a terra e para manter viva a vossa criação. Pelo sinal desta água, renovai em nós o desejo do vosso Espírito. Amém.
Ó Deus, enviastes ao mundo vossa Palavra e vosso Santo Espírito, e assim não cansais de partilhar conosco vossa vida. Que a nossa vida de comunidade testemunhe nossa comunhão convosco. A vós, a glória para sempre. Amém.
Ó Deus da vida, que se fez comunhão na Trindade, renovai-nos na alegria do vosso amor e abençoai-nos: em nome do Pai e do Filho e do Espírito Santo. Amém.

6. VIVENDO A PALAVRA

✓ O que este encontro sobre a Santíssima Trindade te convida a fazer e viver?
✓ Para esta semana, o compromisso será conversar com seus pais e irmãos e identificar se sua família vive o amor, a amizade e o perdão, e como ensina a comunidade trinitária.

LEMBRETE

29º ENCONTRO

O DISCÍPULO DE JESUS É CHAMADO A SER SAL DA TERRA E LUZ DO MUNDO

 SE LIGA

QUE A NOSSA LUZ BRILHE diante das pessoas, para que vejam nossas boas ações e glorifiquem o Pai que está no céu.

A nossa maneira de estar no mundo e o nosso modo de viver e de nos relacionarmos com as pessoas podem ser luz a iluminar o caminho ou ser sinal de escuridão.

Jesus usa a imagem, a figura da luz e do sal, para nos dizer que o cristão é responsável pela humanidade, para que não se perca em meio a tantas dificuldades, injustiças e desigualdades. Jesus é claro ao dizer que não se acende uma luz para colocá-la debaixo da mesa, mas no alto, para que ilumine. O sal é a figura do discernimento para distinguirmos o bem do mal, o que é de Deus e o que é contra o seu projeto, o que faz bem e o que faz mal para a vida das pessoas. É necessário que a nossa luz brilhe diante das pessoas, para que vejam nossas boas ações e glorifiquem o Pai que está no céu.

Para sermos fiéis ao discipulado de Jesus, é necessário que sejamos comprometidos em sermos luz a iluminar o caminho das pessoas e a sermos como o sal, que dá sabor e sentido à vida, vivida com dignidade e conforme o desejo de Deus.

1. OLHANDO PARA A VIDA

Converse com seus colegas sobre como foi sua semana:
- ✓ O que aconteceu de mais importante, o que foi diferente?
- ✓ Como foi vivido o compromisso do encontro anterior? Partilhe como foi a conversa com sua família. Como você se sentiu nessa conversa?
- ✓ Qual a importância da luz e do sal na vida das pessoas?
- ✓ Qual a utilidade da luz e do sal em nossa vida?

2. ORAÇÃO INICIAL

- ✓ Siga as orientações do catequista para este momento de oração.
- ✓ Reze com o grupo, refletindo com atenção sobre as palavras do salmista.

> *"O Senhor é minha luz e minha salvação, de quem terei medo? O Senhor é o amparo da minha vida, a quem temerei?" (Sl 27,1).*

3. ESCUTANDO A PALAVRA

- ✓ Proclamação do Evangelho segundo São Mateus 5,13-16.

PENSE E ANOTE:

a) Sobre o que é a Palavra proclamada? O que mais chamou a sua atenção nesse texto?
b) Qual palavra ou expressão mais te tocou? Por quê?
c) O que Jesus expressa ao dizer: "Vocês são o sal da terra e a luz do mundo"?

_____
_____
_____
_____
_____
_____
_____
_____

4. MEDITANDO A PALAVRA

✓ O que a Palavra diz para você, para o grupo e para os cristãos batizados?
✓ O que significa ser discípulo de Jesus?
✓ Como você pode ser luz do mundo e sal da terra na realidade da sua vida cotidiana?
✓ Quais as situações e realidades que você conhece que necessitam de luz e do sabor de viver?

● Faça suas anotações

5. REZANDO COM A PALAVRA

✓ O que a Palavra que ouviu faz você querer dizer a Deus?
✓ Em silêncio, dirija sua prece a Deus.
✓ Siga as orientações do catequista, acompanhando a oração.

Senhor Jesus, concede-nos a graça de ser sal da terra e luz do mundo. Que possamos espalhar a luz para iluminar os caminhos do bem, da alegria, da fraternidade, do amor. Fazei com que todas as pessoas que se aproximarem de nós encontrem sentido para suas vidas e vontade de te seguir.
Todos: *Queremos ser sal da terra e luz no mundo.*

6. VIVENDO A PALAVRA

✓ Que compromisso você pode assumir para esta semana, a partir do que rezou e refletiu no encontro? Anote seu compromisso, explicando o que pretende fazer.

✓ Para onde você pode levar mais luz, mais vida, mais entusiasmo, como discípulo de Jesus, tornando mais visível o sentido de viver?

LEMBRETE

ANOTAÇÕES PESSOAIS

30º ENCONTRO

CHAMADOS A PROMOVER A VIDA

SE LIGA

A VIDA É DOM DE DEUS. É preciso cuidar dela e promovê-la.

Animados e fortalecidos pelo Espírito de Jesus, estamos dispostos a trabalhar para defender e promover a vida, conforme o projeto de Jesus, que quer vida em plenitude para todos. Isso exige de nós a dimensão do cuidado, do respeito, da proteção da vida humana em todas as suas etapas, mas também o cuidado com a natureza, com o meio ambiente, com a água. Ou seja, estar dispostos a cuidar da vida em todas as dimensões.

1. OLHANDO PARA A VIDA

Com o grupo, recorde-se do encontro anterior: o que você lembra de mais importante? Depois partilhe o compromisso que assumiu. O que pensou, o que se propôs a fazer?

Conversem sobre:
- ✓ Como está a vida das pessoas e o planeta? O que você entende quando ouve falar sobre qualidade de vida? O que isso significa e quem deve ter uma boa qualidade de vida? Por quê?

2. ORAÇÃO INICIAL

✓ Faça o sinal da cruz e, com os olhos fechados, em silêncio, peça a luz de Deus para o encontro de hoje.

Com todo o grupo, reze:

> *Senhor Jesus, abre nossos ouvidos para que escutemos tua Palavra de vida; abre a nossa mente para compreendermos o que o Senhor nos fala; abre, Senhor, o nosso coração para que possamos acolher tua Palavra em nós e colocá-la em prática em nossa vida. Amém!*

3. ESCUTANDO A PALAVRA

✓ Proclamação do Evangelho segundo São João Jo 10,10b-18.
✓ Acompanhe em sua Bíblia a proclamação da Palavra, que será feita mais uma vez.

PENSE E ANOTE:

Quem fala no texto? O que está dizendo?
Quem participa dessa cena?
O que chamou a sua atenção? O que você destaca como mais importante?

-----

4. MEDITANDO A PALAVRA

✓ O que diz a você a Palavra de Deus e da Igreja?
✓ O que a Palavra te pede?
✓ Olhando para nós, para nossas famílias, para a comunidade e para a sociedade, onde a vida precisa de mais cuidados?
✓ Em quais situações e realidades percebemos que a vida está mais ameaçada? Por quê?

● Faça suas anotações.

> Siga as orientações do catequista para continuar a reflexão.

5. REZANDO COM A PALAVRA

✓ O que você quer dizer a Deus diante do que aprendeu neste encontro? Escreva.

✓ Olhando os símbolos que estão na sala de encontro, com base no que você escreveu e nas realidades identificadas, faça uma prece espontânea: a resposta, após cada prece, será: *Senhor, ajudai-nos a defender a vida.*

> Reze com o grupo o Salmo 15.

✓ Seguindo a orientação do catequista, reze com o grupo:

> *Senhor Deus, nosso Pai, ouve nossas orações e nossos pedidos. Tende piedade de nós e vinde em nosso auxílio! Queremos ser fiéis à vossa Palavra. Ajudai-nos a viver como discípulos do vosso Filho Jesus e a defender a vida e a paz. Por Cristo, nosso Senhor. Amém.*

6. VIVENDO A PALAVRA

Como discípulos de Jesus, devemos estar atentos a tudo o que pode atingir a vida: observar as necessidades dos outros, cuidar da natureza, da nossa mãe Terra, evitando o desperdício da água e tudo o que pode causar poluição.

✓ O que você quer assumir como compromisso deste encontro? Anote o que pretende fazer.

LEMBRETE

ANOTAÇÕES PESSOAIS

31º ENCONTRO

CELEBRAR A VIDA E A ESPERANÇA COM NOSSOS IRMÃOS FALECIDOS

SE LIGA

JESUS É O VERDADEIRO caminho para a vida.

Sofremos ao perder pessoas queridas, sentimos sua falta. Para os que têm fé, com a dor e a tristeza da perda, existe também a esperança da vida nova, a certeza da ressurreição e da vitória da vida sobre a morte. Como Jesus morreu e ressuscitou, Deus ressuscitará os que n'Ele morreram.

O versículo bíblico na introdução da liturgia de finados diz: "Como Jesus morreu e ressuscitou, Deus ressuscitará os que nele morreram. E, como todos morrem em Adão, todos em Cristo terão a vida".

1. OLHANDO PARA A VIDA

Recorde os compromissos assumidos no encontro anterior e comente com seus colegas: o que pensou em fazer, o que fez, como se sentiu?

Converse com seu grupo sobre:
- O que você sabe sobre a morte e a ressurreição? Você já perdeu uma pessoa muito próxima, de quem você gostava muito? Como você se sentiu?
- O que você sabe sobre como a Igreja, todos os anos, recorda de maneira especial todas as pessoas que já morreram?

2. ORAÇÃO INICIAL

✓ Reze com seu grupo, de mãos dadas, a oração do Senhor, o Pai-nosso.

3. ESCUTANDO A PALAVRA

✓ Proclamação do Evangelho segundo São João 14,1-6.
✓ Leia em silêncio o texto bíblico proclamado.

PENSE E ANOTE:

Sobre o que trata o texto?
Quais são os personagens do texto?
Que palavras ou frases mais chamaram a sua atenção? Por quê?

----

4. MEDITANDO A PALAVRA

✓ O que a realidade sobre a qual leu e meditou com seu grupo diz para você hoje?
✓ Jesus nos garante a vida, a morada definitiva, a ressurreição, pois morrer é viver plenamente. Você acredita nisso? Por quê?
✓ Como você deve viver agora para viver plenamente em Deus depois?
✓ Como as pessoas vivem a experiência da morte de uma pessoa querida da família, dos amigos?

● Faça suas anotações.

5. REZANDO COM A PALAVRA

✓ Que oração você quer dirigir a Deus hoje? O que está em seu coração, a partir da reflexão sobre o sentido da morte?

✓ Ficar em silêncio diante da cruz, das flores e da luz que ambientam o encontro de catequese e pensar: o que tudo isso te diz?

✓ Quais sentimentos há dentro de você? Em silêncio, expresse em uma oração os seus sentimentos.

✓ Partilhe com seu grupo sua oração e seus sentimentos.

> Siga a orientação do catequista para a conclusão deste momento orante.

✓ Com seu grupo, cada um irá pedir a Deus que escute as orações que fizeram, dizendo juntos:

> *Ó Deus, escutai com bondade a nossa oração e aumentai a nossa fé no Cristo Ressuscitado, para que seja mais viva a nossa esperança na ressurreição dos vossos filhos e filhas. Isso vos pedimos por Cristo, vosso Filho, na unidade do Espírito Santo. Amém.*

> Reze com seu grupo o Salmo 41. A cada três versículos lidos, todos dizem: *A minh'alma tem sede de Deus e deseja o Deus vivo.*

6. VIVENDO A PALAVRA

✓ Qual compromisso você quer assumir como resposta a este encontro?

Sugestões: fazer uma visita ao cemitério em grupo ou cada um com sua família, pelos falecidos, ou visitar uma família enlutada que perdeu algum familiar, levando uma palavra de vida, de esperança e de fé na ressurreição.

LEMBRETE

ANOTAÇÕES PESSOAIS

ANEXOS

1

ORAÇÃO PARA SER REALIZADA EM CASA, COM A FAMÍLIA

✓ *Preparar sobre a mesa uma vela, a Bíblia e um copo com a água que levaram da celebração.*

✓ *Todos devem ficar reunidos ao redor da mesa, e alguém coordena a oração.*

Quem coordena convida a iniciar este momento em família com o sinal da cruz.

Coordenador.: *Vinde, ó Deus da vida, vinde nos ajudar! Não demoreis mais, vinde nos libertar! Que coisa boa nesta casa estar, valeu a pena tanto se lutar. Descei, Senhor, a vossa bênção sobre esta casa, derramai o vosso amor, a vossa força e graça para que nos chegue hoje a salvação. Amém.*

✓ Proclamação do Evangelho segundo São Lucas –10,38-42

Fazer um momento de silêncio após a proclamação.

Coordenador: Façamos nossas preces ao Cristo, Filho de Deus, que nasceu de Maria e habitou entre nós. Nossa resposta será: *Permanece conosco, Senhor!*

1. *Ó Cristo, tu que santificaste a casa de Nazaré, vem morar nesta casa e dá-nos tua bênção e tua paz.*
2. *Tu que aceitaste a hospitalidade de Marta e Maria, entra nesta casa e ajuda-nos a manter suas portas abertas para acolher quem chega com amor.*
3. *Fazei com que todas as pessoas sem casa encontrem moradia digna.*

Preces espontâneas...

Bênção das pessoas e da casa

Coordenador: Abençoai, Senhor, com esta água e com a força do vosso Espírito, todas as pessoas que moram nesta casa e aquelas que nos visitam. Que possamos viver em paz e na alegria da vossa presença; que esta casa seja lugar de alegria e comunhão, agora e sempre. Amém!

Alguém da casa passa em cada cômodo, aspergindo com água, enquanto canta.

Coordenador: Acompanha quem sai e sê hóspede com quem entra, caminha conosco, Senhor Jesus, até o dia em que nos conduzirás à casa do Pai. *Amém! Em nome do Pai e do Filho e do Espírito Santo. Amém.*

ANOTAÇÕES PESSOAIS

2

AS PRINCIPAIS ORAÇÕES DO CRISTÃO

Sinal da Cruz

Em nome do Pai e do Filho e do Espírito Santo. Amém.

Persignação

Pelo sinal da Santa Cruz †, livrai-nos, Deus, nosso Senhor, † dos nossos inimigos †.

Oferecimento do dia

Adoro-vos, meu Deus, amo-vos de todo o meu coração. Agradeço-vos porque me criastes, me fizestes cristão, me conservastes a vida e a saúde. Ofereço-vos o meu dia: que todas as minhas ações correspondam à vossa vontade. E que eu faça tudo para a vossa glória e a paz dos homens. Livrai-me do pecado, do perigo e de todo o mal. Que a vossa graça, bênção, luz e presença permaneçam sempre comigo e com todos aqueles que eu amo. Amém.

Ave-Maria

Ave Maria, cheia de graça, o Senhor é convosco. Bendita sois vós entre as mulheres, e bendito é o fruto do vosso ventre, Jesus. Santa Maria, Mãe de Deus, rogai por nós, pecadores, agora e na hora de nossa morte. Amém.

Pai-nosso

Pai nosso, que estais nos céus, santificado seja o vosso nome, venha a nós o vosso Reino, seja feita a vossa vontade, assim na terra como no céu. O pão nosso de cada dia nos dai hoje, perdoai-nos as nossas ofensas, assim como nós perdoamos a quem nos tem ofendido, e não nos deixeis cair em tentação, mas livrai-nos do mal. Amém.

Glória ao Pai

Glória ao Pai e ao Filho e ao Espírito Santo. Como era no princípio, agora e sempre. Amém.

Salve Rainha

Salve, Rainha, Mãe de misericórdia, vida, doçura, esperança nossa, salve! A vós bradamos, os degredados filhos de Eva. A vós suspiramos, gemendo e chorando neste vale de lágrimas. Eia, pois, advogada nossa, esses vossos olhos misericordiosos a nós volvei, e depois deste desterro, mostrai-nos Jesus, bendito fruto do vosso ventre, ó clemente, ó piedosa, ó doce sempre Virgem Maria.

℣. Rogai por nós, Santa Mãe de Deus!
℟. Para que sejamos dignos das promessas de Cristo.

Ângelus (Saudação à Nossa Senhora para o tempo comum)

℣. O Anjo do Senhor anunciou a Maria.
℟. E ela concebeu do Espírito Santo.
℣ Eis aqui a serva do Senhor.
℟. Faça-se em mim segundo a vossa Palavra.
℣. E o Verbo divino se fez carne.
℟. E habitou entre nós.
Ave, Maria...
℣ Rogai por nós, Santa Mãe de Deus.
℟. Para que sejamos dignos das promessas de Cristo.
Oremos. Infundi, Senhor, em nossos corações a vossa graça, a fim de que, conhecendo pela anunciação do Anjo, a encarnação de Jesus Cristo, vosso Filho, cheguemos pela sua paixão e morte à glória da ressurreição. Pelo mesmo Cristo, nosso Senhor. Amém.
Glória ao Pai e ao Filho e ao Espírito Santo...

Rainha do Céu (Saudação à Nossa Senhora para o Tempo Pascal, em lugar do Ângelus)

℣. Rainha do céu, alegrai-vos. Aleluia.
℟. Porque aquele que merecestes trazer em vosso puríssimo seio. Aleluia.
℣. Ressuscitou como disse. Aleluia.
℟. Rogai por nós a Deus. Aleluia.
℣. Exultai e alegrai-vos, ó Virgem Maria. Aleluia.
℟. Pois o Senhor ressuscitou verdadeiramente. Aleluia.
Oremos. Ó Deus, que vos dignastes alegrar o mundo com a ressurreição do vosso Filho, nosso Senhor Jesus Cristo, concedei-nos, vo-lo suplicamos, a graça de alcançarmos pela proteção da Virgem Maria, sua Mãe, a glória da vida eterna. Pelo mesmo Cristo, nosso Senhor. Amém.

Creio

Creio em Deus Pai todo-poderoso, criador do céu e da terra, e em Jesus Cristo, seu único Filho, nosso Senhor, que foi concebido pelo poder do Espírito Santo; nasceu da Virgem Maria, padeceu sob Pôncio Pilatos, foi crucificado, morto e sepultado; desceu à mansão dos mortos, ressuscitou ao terceiro dia; subiu aos céus, está sentado à direita de Deus Pai todo-poderoso, de onde há de vir a julgar os vivos e os mortos. Creio no Espírito Santo, na santa Igreja Católica, na comunhão dos santos, na remissão dos pecados, na ressurreição da carne, na vida eterna. Amém.

Oração ao Anjo da guarda

Santo Anjo do Senhor, meu zeloso guardador, se a ti me confiou a piedade divina, sempre me rege, guarda, governa e ilumina. Amém.

Ato de contrição

Meu Deus, eu me arrependo de todo o coração de vos ter ofendido, porque sois tão bom e amável. Prometo, com a vossa graça, nunca mais pecar. Meu Jesus, misericórdia!

Ato de contrição (2)

Senhor, eu me arrependo sinceramente de todo mal que pratiquei e do bem que deixei de fazer. Pecando, eu vos ofendi, meu Deus, e sumo bem, digno de ser amado sobre todas as coisas. Prometo firmemente, ajudado com a vossa graça, fazer penitência e fugir às ocasiões de pecar. Senhor, tende piedade de mim, pelos méritos da Paixão, Morte e Ressurreição de Jesus Cristo, nosso Salvador. Amém.

Oração pela família

Pai, que nos protegeis e que nos destes a vida para participarmos de vossa felicidade, agradecemos o amparo que os pais nos deram desde o nascimento. Hoje queremos vos pedir pelas famílias, para que vivam a união e na alegria cristã. Protegei nossos lares do mal e dos perigos que ameaçam a sua unidade. Pedimos que o amor não desapareça nunca e que os princípios do Evangelho sejam a norma de vida. Pedimos pelos lares em dificuldades, em desunião e em perigo de sucumbir, para que, lembrados do compromisso assumido na fé, encontrem o caminho do perdão, da alegria e da doação. A exemplo de São José, Maria Santíssima e Jesus, sejam nossas famílias uma pequena Igreja, onde se viva o amor. Amém.

Oração de São Francisco de Assis

Senhor, fazei-me instrumento de vossa paz.
Onde houver ódio, que eu leve o amor.
Onde houver ofensa, que eu leve o perdão.
Onde houver discórdia, que eu leve a união.
Onde houver dúvida, que eu leve a fé;
Onde houver erros, que eu leve a verdade.
Onde houver desespero, que eu leve a esperança.
Onde houver tristeza, que eu leve a alegria.
Onde houver trevas, que eu leve a luz!
Ó Mestre,
Fazei que eu procure mais:
consolar, que ser consolado.
compreender, que ser compreendido;
amar, que ser amado.
Pois é dando que se recebe,
é perdoando que se é perdoado,
e é morrendo que se vive para a vida eterna!
Amém.

Oração de consagração a Maria

Ó Senhora minha, ó minha Mãe, eu me ofereço todo a vós e, em prova da minha devoção para convosco, eu vos consagro, neste dia, e para sempre, os meus olhos, os meus ouvidos, a minha boca, o meu coração e inteiramente todo o meu ser. E porque assim sou vosso, ó incomparável Mãe, guardai-me, defendei--me como filho e propriedade vossa. Amém.

Magnificat
(Cântico de Nossa Senhora)

A minha alma glorifica ao Senhor
e o meu espírito se alegra em Deus,
meu Salvador.
Porque pôs os olhos na humildade
da sua serva, de hoje em diante,
me chamarão bem-aventurada
todas as gerações.
O todo-poderoso fez em mim
maravilhas: Santo é o seu nome.
A sua misericórdia se estende de
geração em geração
sobre aqueles que o temem.
Manifestou o poder do seu braço
e dispersou os soberbos.
Derrubou os poderosos de seus
tronos e exaltou os humildes.
Aos famintos encheu de bens, e aos
ricos despediu de mãos vazias.
Acolheu a Israel, seu servo,
lembrado da sua misericórdia,
Como tinha prometido a nossos
pais, a Abraão e à sua descendência
para sempre.
Glória ao Pai e ao Filho e ao Espírito
Santo, como era no princípio, agora e
sempre. Amém.

Invocação ao Espírito Santo

℣. Vinde, Espírito Santo, enchei os
corações dos vossos fiéis e acendei
neles o fogo do vosso amor.
℟. Enviai, Senhor, o vosso Espírito,
e tudo será criado, e renovareis a face
da Terra.
Oremos. Deus, que instruístes os
corações dos vossos fiéis com a luz
do Espírito Santo, fazei que apre-
ciemos retamente todas as coisas,
segundo o mesmo Espírito, e goze-
mos sempre de sua consolação. Por
Cristo, Senhor nosso. Amém.

Cântico de Zacarias
(da Liturgia das Horas)

Bendito seja o Senhor Deus de Israel,
porque a seu povo visitou e libertou;
e fez surgir um poderoso Salvador
na casa de Davi, seu servidor,
como falara pela boca de seus santos,
os profetas desde os tempos mais
antigos, para salvar-nos do poder dos
inimigos e da mão de todos quantos
nos odeiam.
Assim mostrou misericórdia a nossos
pais, recordando a sua santa Aliança
e o juramento a Abraão, o nosso
pai, de conceder-nos que, libertos
do inimigo, a Ele nós sirvamos sem
temor em santidade e em justiça
diante dele, enquanto perdurarem
nossos dias.
Serás profeta do Altíssimo, ó menino,
pois irás andando à frente do Senhor
para aplainar e preparar os seus
caminhos, anunciando ao seu povo a
salvação, que está na remissão de seus
pecados; pela bondade e compaixão
de nosso Deus, que sobre nós fará
brilhar o Sol nascente, para iluminar
a quantos jazem entre as trevas e
na sombra da morte estão sentados
e para dirigir os nossos passos,
guiando-os no caminho da paz.
Glória ao Pai e ao Filho e ao Espírito
Santo.
Como era no princípio, agora e
sempre. Amém.

3

O QUE É IMPORTANTE VOCÊ CONHECER

Mandamentos da Lei de Deus

1. Amar a Deus sobre todas as coisas.
2. Não tomar seu santo nome em vão.
3. Guardar domingos e festas.
4. Honrar pai e mãe.
5. Não matar.
6. Não pecar contra a castidade.
7. Não furtar.
8. Não levantar falso testemunho.
9. Não desejar a mulher do próximo.
10. Não cobiçar as coisas alheias.

Sete Pecados Capitais

1. Soberba
2. Avareza
3. Inveja
4. Ira
5. Luxúria
6. Gula
7. Preguiça

Mandamentos da Igreja

1. Participar da missa nos domingos e festas de guarda.
2. Confessar-se ao menos uma vez ao ano.
3. Comungar ao menos pela Páscoa da Ressurreição.
4. Jejuar e abster-se de carne, conforme manda a Igreja.
5. Contribuir com o dízimo.

Sacramentos

1. Batismo
2. Crisma ou Confirmação
3. Eucaristia
4. Penitência ou Reconciliação
5. Ordem ou Sacerdócio
6. Matrimônio
7. Unção dos Enfermos

Virtudes Teologais

1. Fé
2. Esperança
3. Caridade

Virtudes Capitais

1. Temperança
2. Humildade
3. Castidade
4. Generosidade
5. Diligência
6. Caridade
7. Paciência

Obras de misericórdia corporais

1. Dar de comer a quem tem fome.
2. Dar de beber a quem tem sede.
3. Vestir os nus.
4. Dar pousada aos peregrinos.
5. Assistir aos enfermos.
6. Visitar os presos.
7. Enterrar os mortos.

Obras de misericórdia espirituais

1. Dar bom conselho.
2. Ensinar os ignorantes.
3. Corrigir os que erram.
4. Consolar os aflitos.
5. Perdoar as injúrias.
6. Sofrer com paciência as fraquezas do nosso próximo.
7. Rogar a Deus por vivos e defuntos.

Conecte-se conosco:

 facebook.com/editoravozes

 @editoravozes

 @editora_vozes

 youtube.com/editoravozes

 +55 24 2233-9033

www.vozes.com.br

Conheça nossas lojas:
www.livrariavozes.com.br

Belo Horizonte – Brasília – Campinas – Cuiabá – Curitiba
Fortaleza – Juiz de Fora – Petrópolis – Recife – São Paulo

EDITORA VOZES LTDA.
Rua Frei Luís, 100 – Centro – Cep 25689-900 – Petrópolis, RJ
Tel.: (24) 2233-9000 – E-mail: vendas@vozes.com.br